AF555883

Agir pour la Guinée

Réflexion multisectorielle d'un engagé politique

Aliou BAH

Agir pour la Guinée

Réflexion multisectorielle d'un engagé politique

5-7, rue de l'École-Polytechnique, 75 005 Paris

http://www.editions-harmattan.fr

ISBN : 978-2-14-033640-9
EAN : 9782140336409

SOMMAIRE

REMERCIEMENTS

Je rends un grand hommage à Dieu le tout puissant et miséricordieux.

J'exprime ma profonde gratitude à mes deux parents, mon épouse, mes enfants (FDB, MB, KB et AB), mes frères et sœurs, ainsi qu'à toutes les familles de Donghora, Djerela et Toké qui m'ont tout donné.

J'adresse ma reconnaissance à mes amis et collègues, aux militants et journalistes, et à l'ensemble de mes concitoyens qui donnent un sens à l'idéal démocratique que je porte pour la Guinée et l'Afrique.

Que tous ceux qui m'ont soutenu de près ou de loin depuis le début se reconnaissent en cette œuvre. Qu'ils sachent que ce résultat d'étape est le leur, et qu'ensemble nous irons encore plus loin.

PRÉFACE

Monsieur **Aliou BAH** a décidé de faire de la politique différemment en écrivant et en partageant son vécu, son ressenti, ses positions, ses réflexions. À travers cet essai, l'auteur revisite quelques aspects de l'histoire politique de la Guinée en gardant une perspective de compréhension des événements en cours. Il construit un récit qui déconstruit certaines vérités du sens commun, en particulier les amalgames entre tous les acteurs politiques, les accusations faciles, et les responsabilités sur les crises structurelles en Guinée.

L'auteur incite à l'engagement politique, au sens de la gestion de la cité. Il met un accent particulier sur les intellectuels qui ne s'engagent pas suffisamment dans le débat de société, et qui se laissent instrumentaliser. Les politiciens « font », eux, leur part dans ce combat. C'est en tous cas, ce que l'auteur défend dans sa posture d'acteur politique dont le statut s'affirme depuis quelques années.

Comme universitaire, spécialiste des questions politiques et sociologiques, cet essai me donne une perspective rare dans un environnement d'oralité : celle d'un acteur politique écrivant ce qu'il pense au lieu de se limiter à la parole lors des meetings. J'exprime le souhait de voir d'autres acteurs politiques faire la même chose, partager et prendre date avec l'Histoire. Car l'acteur politique devrait dépasser le cadre étroit des militants pour convaincre les sympathisants et rassurer l'ensemble des citoyens.

Il est évident que publier, c'est se dévoiler, dire et laisser aux critiques le soin de « détruire » les arguments et même de les combattre. Mais c'est cela la démocratie. Un débat d'idées et une confrontation d'analyse de la réalité et des propositions alternatives.

Dans la forme, l'écriture est simple, directe, dépouillée des considérations académiques avec ses tournures et ses références. Le style est narratif et facilement consommable. Cette procédure rend la lecture compréhensible et souffrant de peu de débats entre la narration des faits et les positions individuelles. Monsieur BAH, l'a fait. Peut-être que d'autres suivront. En attendant, je vous exhorte à lire cet essai.

Alpha Amadou Bano BARRY

Professeur des Universités (Ph. D ; Sociologie)

INTRODUCTION

Ce livre est avant tout la réalisation d'un rêve ; celui de partager mon expérience des faits qui résulte des événements vécus et qui sont d'intérêt général. Il est aussi une façon de rompre le silence souvent complice ou coupable de ceux qui ont vécu des moments importants de l'Histoire de notre pays. Cette attitude de la plupart de nos devanciers constitue un préjudice à la bonne marche de notre société, et un tort fait à chaque génération qui doit savoir la vérité ou du moins le rôle que chacun y a joué.

Incontestablement, c'est à travers les enseignements de l'histoire qu'on peut tirer les leçons et éviter les erreurs. Cela étant, cet essai se veut une modeste contribution à ce challenge en assemblant plusieurs de mes réflexions faites dans des contextes différents.

Lorsque j'ai décidé de m'engager activement en politique en 2012, je m'étais fixé cet objectif d'apprendre et produire autant que possible pour contribuer non seulement à améliorer le quotidien de mes concitoyens par la prise de conscience des enjeux du moment, mais aussi d'avoir la légitimité de porter leurs rêves et aspirations du futur. De ce fait, mon engagement ne se limitait donc pas à la vocation classique de tout acteur politique qui est la conquête et l'exercice du pouvoir.

Cet essai, reparti en trois grandes parties, reflète ma pensée et ma compréhension sur différents sujets caractéristiques de la société guinéenne. De la morale à la sociologie en passant par l'économie et la politique, la plupart des préoccupations nationales y sont abordées avec des illustrations facilement remarquables dans le fonctionnement des institutions publiques et dans la vie ordinaire des populations.

Pour m'exprimer le plus librement possible, j'ai donc choisi d'utiliser un style de rédaction particulier. C'est pourquoi cet ouvrage ne comporte aucune référence bibliographique. Non pas par prétention ou parce qu'il n'existe pas de publications qui pouvaient enrichir son contenu et appuyer mes arguments, mais parce qu'en général je suis attaché à l'originalité et à la simplicité des idées.

Ne le voulant pas aussi exclusivement élitiste, je l'ai rédigé dans une forme qui facilite largement sa compréhension auprès du grand public. À quoi bon d'écrire si ce n'est que pour se rendre utile en se faisant comprendre par le plus grand nombre ?

En effet, au gré des mutations caractéristiques de notre histoire, les Guinéens ont été partagés entre espoir et désillusion. Les résultats étant plus parlants que les vœux, après plus de 60 ans d'indépendance, notre pays manque encore de tout et cherche toujours de bons repères pour sa stabilité politique et institutionnelle d'une part, et son développement économique et social d'autre part. Cela signifie que les élites politiques et intellectuelles qui étaient censées éclairer le chemin n'ont pas été à la hauteur des grands défis. Mais là n'est plus le véritable centre d'intérêt pour la nouvelle génération politique à laquelle j'appartiens. Le plus important maintenant est de tirer profit des atouts existants et de réinventer un meilleur futur pour la Guinée à travers les responsabilités politiques, professionnelles et sociales.

Si le chemin du pouvoir était une ligne droite lisible, il n'y aurait aucun doute que tout le monde l'aurait facilement emprunté pour y arriver. En ce moment quel aurait été le sens d'une gouvernance sans hiérarchie de valeurs et de commandement ? C'est pour dire qu'en politique, il ne sert à rien d'être prétentieux. Faire croire que l'on sait tout et s'ériger en donneur de leçons ne doit pas être l'attitude qui définit le leadership dont la Guinée a besoin pour aller de l'avant.

L'idéal serait de construire ensemble tout en se mettant en tête que le seul intérêt de son engagement est de contribuer efficacement à faire avancer la société avec ses idées et ses moyens. En cela, il est important de s'inspirer de cas de réussite et d'échec pour en tirer des enseignements utiles à l'atteinte des objectifs globaux. À la dimension des États, il est généralement préjudiciable de vouloir ressembler aux autres, furent-ils les meilleurs. Les individus autant que les pays ont des spécificités qui doivent être mises en avant dans l'élaboration des projets d'avenir ; autrement le risque d'échec devient élevé.

Certaines appréhensions diront que ce n'est pas facile de faire de la politique, donc de diriger. Justement, c'est la raison pour laquelle il faut que cela soit fait par ceux qui sont les plus aptes en termes de prérequis pour prendre les meilleures décisions sur des questions d'intérêt général. C'est pour toutes ces raisons que la gouvernance politique dans toutes ses facettes est abordée à travers plusieurs aspects de cet ouvrage. D'autant plus qu'elle est le récipient qui contient et influence toutes les dimensions de la société, cela sans aucune exception possible, alors de sa qualité dépend le quotidien et l'avenir de millions de personnes dont moi-même.

PREMIÈRE PARTIE

La pratique politique en Guinée : entre idéal de moralité et réalité de perversion

Le pouvoir, le péché et la malédiction

Généralement, le bon sens suffit pour comprendre les lois de la nature comme celle qui démontre qu'un niveau au-dessus du sommet n'existe pas. Ramener cela à la dimension humaine signifie que lorsqu'on atteint le maximum d'une ascension, c'est-à-dire la borne infranchissable, on doit penser au temps qu'on y mettra et surtout la manière par laquelle on reviendra à la position initiale.

C'est à ce niveau que se trouve la différence entre la descente et la chute. La première est volontaire et planifiée, donc noble, tandis que la seconde est forcée, brusque et généralement brutale. Il se dit que dans la plupart des cas, la manière de finir sa vie résume la façon dont on l'a vécue. Les illustrations foisonnent à tel point qu'on a l'impression que Dieu nous enseigne chaque seconde sur les conséquences de nos actes pour nous pousser à bien réfléchir avant de les poser.

Le pouvoir politique n'échappe pas à cet ensemble de règles et codes, et a souvent tendance à faire oublier à ses détenteurs qu'ils sont mortels, donc faillibles. Cela s'illustre par le tort qu'ils font aux populations en s'appropriant les ressources qui leur sont destinées, en confisquant leurs droits et libertés, en discriminant et en abusant de l'autorité qu'ils ont sur ceux qu'ils gouvernent. Certains n'hésitent pas à en arriver à l'extrême à travers des attitudes et des justifications cruelles vis-à-vis de leurs victimes.

Tout ayant une fin, Dieu, l'incarnation de la patience et de la justesse, leur rappelle qu'il est le seul puissant et éternel. Malgré l'accumulation de privilèges et d'influences, il en fait des moins que rien. Pire, il arrive que leurs progénitures en paient le prix, bien que n'étant pas directement responsables des actes de leurs parents.

En dépit de cette logique constante, il est souvent étonnant de remarquer que certains dirigeants marchent toujours sur les mauvais pas de leurs prédécesseurs sans en tirer les leçons. Libre à chacun de choisir son chemin et certainement sa finalité, car l'essentiel n'est pas de disposer d'un pouvoir politique, mais plutôt de savoir s'en servir humainement et le quitter avant qu'il ne nous quitte comme le disait un penseur.

Le pouvoir politique donne de l'influence et des privilèges à ceux qui le détiennent, mais le péché et la malédiction empêchent d'avoir les honneurs y afférents. D'ailleurs il est nécessaire de préciser que le pouvoir, la fortune et l'influence peuvent s'obtenir sans mérite. Par contre, il est inimaginable que cela soit le cas pour le savoir, la bénédiction et l'honneur.

Le péché est une faute contre la raison, contre la vérité, contre la conscience. Il est un manquement à l'amour véritable, envers Dieu et envers le prochain, et ce pour un attachement pervers aux biens matériels. Le péché blesse la nature de l'homme et porte atteinte à la solidarité humaine (définition du dictionnaire). Il y a un précepte religieux qui dit que nul ne peut prétendre aimer Dieu s'il n'aime son prochain. Également dans le même sens, un adage Peul dit qu'il n'y a aucun médicament qui soigne ou protège contre le péché (Traduction en langue Poular : hãkkè alã lekki mã gnawdhigãl).

Alors, quelles que soient les circonstances, il est souhaitable d'éviter de mal agir envers Dieu et son prochain, car tout est éphémère dans la vie. Le pouvoir politique ou financier ne doit être qu'un instrument pour rendre le monde meilleur en impactant positivement la vie de tout ce qui en fait un monde : les humains, les animaux, les végétaux… Tout autre but ne peut être que vanité et prétention.

Dès lors que chaque individu a un droit naturel à la vie et au bonheur, pourquoi lui en priver de ce que Dieu lui-même a consacré de fait ? Pourquoi soutenir l'injustice et l'arbitraire à cause de petits avantages passagers ? Pourquoi ôter une âme, humilier une personne ou perdre son humanité à cause d'une petite parcelle de pouvoir ? C'est pourquoi, il est important de toujours méditer sur nos actes et propos en nous donnant pour priorité notre utilité sociale avant tout le reste.

Une société sans morale ne peut engendrer que de mauvais décideurs

En observant les comportements de certains dirigeants et acteurs politiques de notre pays, on comprend mieux pourquoi d'autres pays ont eu raison d'institutionnaliser dans leur culture de gestion publique la pratique du "background check", qui consiste à mener de profondes investigations sur le passé de ceux qui aspirent à des responsabilités politiques et administratives, avant de leur confier un rôle important dans la société.

En effet, il s'agit d'un exercice qui consiste à passer au scanner entre autres l'éducation familiale, le parcours académique et les antécédents professionnels d'un aspirant aux fonctions publiques afin de vérifier s'il a le mérite et est digne de confiance par rapport à la fonction nominative ou élective qu'il serait appelé à assumer. Généralement les prérogatives d'un tel travail sont confiées à des institutions spécialisées qui peuvent l'exercer sous forme de commission parlementaire permanente ou ad hoc dont les membres sont assermentés. Elle produit des rapports d'audition ou d'investigation assortis de recommandations ou de décisions conformément à leur habilitation.

Certes le diplôme est un référentiel important, mais est-il suffisant pour garantir la bonne moralité de son détenteur ?

Une personne qui ne pratique pas un mode de vie collectif et solidaire, quitte à fonder un foyer, éduquer des enfants, disposer d'un domicile, porter des valeurs sociales et religieuses dont entre autres l'humanisme, la sagesse, le respect, l'humilité, la dignité, l'honneur, mais sans s'y limiter, peut-il conduire les destinées d'une nation en privilégiant le vivre ensemble et le bien-être collectif ? Comment expliquer la désinvolture et la facilité que peut avoir un dirigeant de faire tuer les enfants d'autrui et embrasser les siens sans remords ?

Au-delà de nos ambitions de changement conjoncturel, il serait utile de repenser fondamentalement notre modèle de société au risque que des criminels arrogants, des arrivistes complexés et de dangereux opportunistes ne se retrouvent continuellement aux postes de responsabilités les plus importants et les plus sensibles de notre pays.

En conséquence, l'un des plus grands défis que la nouvelle génération doit impérativement relever, est de résoudre la crise de moralité et de conscience qui gangrène l'ensemble de notre société. C'est une condition impérative et un préalable obligatoire pour réaliser toute ambition de développement économique et social. Il est évident que lorsque l'environnement de vie n'est favorable qu'à l'échec, la réussite des citoyens et leurs dirigeants deviennent l'exception au lieu d'être la règle.

La force du destin sur les prédications

Vouloir convaincre quelqu'un de mauvaise foi, c'est croire qu'on puisse réveiller une personne qui feint de dormir. Il y a des circonstances de la vie qui démontrent qu'il est parfois inutile de justifier sa raison par des arguments si cela ne vous mène nulle part. Ne dit-on pas que c'est par le fer qu'on coupe le fer ? En fait il y a des logiques implacables de la vie auxquelles aucune action humaine ne peut échapper ; alors il faut savoir s'y résoudre pour s'imposer.

L'histoire et les réalités contemporaines nous démontrent que la quête de l'amour et la reconnaissance auprès des autres doivent strictement se limiter dans le cadre social et religieux. Tout le reste de la vie est lié à un rapport de forces de façon implicite ou explicite. Ce rapport de force n'étant pas nécessairement synonyme de violence, il suppose des contraintes indispensables par lesquelles le respect s'instaure.

Beaucoup d'Africains de la nouvelle génération ont pour modèles Paul Kagamé et Nelson Mandela bien que ceux-ci aient été des leaders de mouvements armés avant de devenir des hommes d'État et décideurs publics dans leurs pays respectifs que sont le Rwanda et l'Afrique du Sud. Par contre, d'autres ont comme références Gandhi et Martin Luther King Jr qui sont des grands symboles de la lutte non violente. En tout état de cause, ces faits et personnages relèvent de l'histoire et non des avis personnels.

Parce qu'il est presque impossible d'établir des comparaisons pour mesurer une quelconque conformité, le leadership est contraignant en termes de rôle et de responsabilité. Il exige des actions et attitudes en fonction de l'identité, des ambitions et des circonstances qui déterminent la conduite à tenir. Quoi qu'il en soit, ni les manœuvres ni les vœux des individus ne peuvent empêcher le destin de s'accomplir.

Les grands Hommes qui ont été célébrés par l'humanité n'étaient a priori pas programmés pour le devenir. Ce sont les idéaux qu'ils portaient qui leur ont imposé les choix et décisions souvent difficiles, mais importants à prendre pour l'avenir des autres. Ils ont donc agi avec conviction, courage et objectivité en laissant le soin à l'histoire de porter son jugement. Et le fait que celle-ci soit sans émotion, c'est la meilleure garantie de la fiabilité de son jugement et son témoignage.

Les supputations, les calomnies ou la haine n'ont jamais empêché le destin d'une personne de s'accomplir ; l'adversité et l'animosité non plus. Cela est valable dans toutes les dimensions de la vie encore plus dans le monde politique. Il arrive souvent d'entendre dire que "tel ne sera JAMAIS ceci ou cela". L'impression que donne une telle façon de penser est soit la personne n'est pas convaincue de la puissance de Dieu, soit elle se prend pour son envoyé spécial. L'homme raisonnable et croyant doit toujours s'abstenir d'être formel lorsqu'il s'agit de parler du futur. Que cela concerne sa propre personne, son prochain ou un événement, seul Dieu détient le secret de l'accomplissement.

C'est pourquoi, il est toujours plus sage de se limiter à ses vœux et prières sans franchir le seuil qui relève du domaine de la divinité. Toujours est-il que même les projections scientifiques les plus pointues se font par hypothèses et prévoient des marges d'erreur. Alors ce qui relève de Dieu doit le rester. Quant aux humains que nous sommes, nous devons éviter de prendre nos souhaits et désirs pour des prophéties.

Le pouvoir ne change pas l'homme, il permet juste de mieux le faire connaitre

L'un des plus grands malheurs d'un pays, c'est lorsqu'il manque de dirigeants qui ont le sens de la grandeur. Celle-ci ne peut se réduire ni aux diplômes ni à la richesse matérielle encore moins aux prétentions et intentions. Elle s'acquiert par l'éducation sociale et religieuse sans laquelle une personne ne peut suffisamment prendre conscience de son caractère mortel, et par conséquent ne peut placer l'honneur et la dignité au centre de ses actes et propos.

C'est pourquoi, en général, il suffit qu'une personne sans vertus dispose d'une petite parcelle de pouvoir politique ou financier pour faire montre d'un égoïsme primaire, et croire que le monde se résume à elle, et à ses délires. C'est ce qui caractérise l'arrivisme qui est un état d'esprit mesquin qui développe chez un individu une suffisance qui malheureusement le met en danger, sans qu'il ne soit capable de voir sa chute venir. Et, c'est ce complexe qui crée un aveuglement de l'esprit chez cette personne, de sorte que seuls les courtisans comptent à ses yeux. L'humilité laisse ainsi la place à l'arrogance, l'éloignant des réalités de la société qui à tout moment, en tout lieu, se doit de lui rappeler la place qu'il mérite. Par conséquent, et de façon illusoire, l'intéressé croit devenir ce qu'il ne saura jamais être en réalité.

La meilleure méthode de gestion du pouvoir requiert, sagesse, ouverture, bienveillance et humilité. C'est pourquoi, ceux qui réussissent le mieux dans cet exercice sont ceux qui savent le partager intelligemment pour créer les équilibres nécessaires à sa stabilité et son efficacité. Même un candidat ou un parti politique qui remporte seul les élections, ce qui devient de plus en plus rare dans les grandes démocraties, ne peut gouverner sans un minimum d'inclusivité et de consensus.

Généralement, le manque d'humilité, le repli sur soi et le manque de grandeur sont la marque des mauvais gouvernants. Cela se traduit par l'allergie à la critique, le manque de retenue, la violence et la suffisance dans les actions. Ils sont plus à l'aise avec les courtisans qu'avec ceux qui leur font voir la réalité du terrain dans tout son état. Pour eux, tous ceux qui ne mangent pas dans leur main pour obéir à leurs caprices, deviennent de facto des ennemis à combattre, oubliant que la majorité des citoyens n'aspirent qu'à un développement pour tous, la solidarité, et non des personnes appartenant à cette caste marginale d'hommes et de femmes qui rôdent autour du pouvoir attirés par des postes, de l'argent et les privilèges du pouvoir.

La notion de la "grandeur" en politique

Bien vrai qu'aucune démocratie durable ne s'est construite sans de grands Hommes, mais ne serait-il pas nécessaire de s'interroger sur les critères d'évaluation de la grandeur des Hommes d'État ? Est-ce la somme de leurs actions pendant qu'ils sont seulement en fonction ou l'impact positif de leur vision dans le futur ?

L'Afrique a connu des dirigeants visionnaires et dévoués. Si certains ont eu l'opportunité de traduire cela en actes en faveur de leur population, d'autres ne l'ont pas eue pour des raisons et circonstances diverses. Toujours est-il qu'un exercice d'évaluation permet de se faire une opinion sur la qualité du leadership des uns et des autres.

Une première catégorie de dirigeants, après les indépendances, est celle qui avait estimé qu'il leur fallait beaucoup de temps pour pouvoir aider leurs pays à non seulement consolider la liberté acquise, mais aussi construire les bases de la prospérité. Bien que cette vision ait produit des résultats probants par endroits, mais sur le long terme, elle a créé de l'incurie suite à la personnalisation du pouvoir. Ainsi des vices se sont greffés à la gouvernance à cause du laxisme et le népotisme ; autant de conséquences du culte de la personnalité dans la gestion publique.

Alors après leur gouvernance, le mythe étant tombé, leur héritage politique n'était pas efficacement préparé pour assurer la bonne relève. Ce qui signifie que le système qu'ils ont mis en place n'avait aucune chance de survivre à leur personne. Donc il allait de soi que la lutte des clans pour la succession politique et le partage des privilèges, créée de l'instabilité qui remet en cause les acquis tout en compromettant l'avenir. Parmi les dirigeants qui répondent à ce type de profil, certains ont porté l'étiquette de "dictateur éclairé" ou de "père de la nation".

La deuxième catégorie est celle des Présidents qui ont choisi de rester au pouvoir pendant un temps limité en se donnant comme priorité, non pas des miracles économiques, mais la préparation de l'élite dirigeante. Estimant que leur rôle devrait se limiter essentiellement au processus conduisant à l'indépendance et à son acquisition effective, ils ont songé à préparer non seulement une bonne relève, mais aussi lui passer la main pour créer une mentalité de transmission et de partage du pouvoir. Lorsqu'ils se sont rendu compte à travers des paramètres d'évaluation que cette vision s'est concrétisée, ils se sont retirés volontairement du pouvoir, dirait-on au meilleur moment.

Cela dénote incontestablement leur sens élevé d'anticipation sur les défis futurs dans la mesure où ils ont focalisé leurs efforts à bâtir une société apaisée et guidée par des valeurs morales, sociales et religieuses qui se sont profondément enracinées au fil des années dans les pratiques de la gouvernance globale.

La troisième catégorie a été celle des dirigeants opportunistes et arrivistes qui ont profité des errances et tâtonnements politiques, pour s'emparer du pouvoir par la force ou par la malice sans avoir ni vision ni programme de gouvernance. Ils s'y sont incrustés par le populisme en tirant profit des émotions et de l'immaturité des populations.

Que ceux-ci aient été des militaires ou civils, toujours est-il que l'improvisation dans leur façon de faire a généré toutes sortes de désordre qui s'est imposé comme mode d'accès et de gestion du pouvoir. Au fil du temps, certains pays ont connu une sorte de rupture d'avec ce type de parenthèses malheureuses, tandis que d'autres continuent d'y vivre ou en ressentir les séquelles jusqu'à nos jours.

En somme, la vision et la grandeur des dirigeants politiques se mesurent plus par leur manière de quitter le pouvoir que par leur façon d'y arriver. C'est pourquoi, ceux qui arrivent à le faire selon l'esprit et les dispositions de leurs mandats sont rares, donc valeureux.

Le plus grand mérite ne se situe-t-il pas dans la préparation de la relève et le respect des règles du jeu démocratique ? Évidemment que cette dimension doit être la plus élogieuse du bilan global de tout Homme politique qui aspire à une place honorable dans l'Histoire.

Réhabiliter les pratiques politiques

Un peuple est réellement en danger lorsque ses dirigeants se soucient moins de leur réputation sociale et de leur sort dans l'au-delà. Par contre, on peut le considérer comme chanceux si l'éthique et la morale sont la principale boussole de leur existence et celle de la conduite de ses dirigeants.

L'avantage des valeurs morales pour le vivre ensemble est le fait que, par acquit de conscience, chacun s'impose des limites dans ses rapports avec les autres. Ainsi les citoyens, toutes responsabilités et tous rangs confondus, se préoccupent du regard que la société leur porte, la manière dont leurs enfants sont vus et montrés à l'école, dans la rue, au centre de loisirs, etc. Cela voudrait dire qu'ils prennent prioritairement soin de l'héritage immatériel qu'ils laisseront un jour à leur famille, à leurs concitoyens, et des traces qu'ils laissent dans l'histoire de leur pays.

Ceci doit être valable pour toutes les activités humaines, surtout celles politiques qui impactent soit positivement ou négativement le quotidien et l'avenir des populations. Dire que la politique n'est synonyme que de bassesse, de cynisme et de mensonge, est absolument inadmissible et condamnable. Ces qualitatifs sont plutôt l'apanage de ceux qui veulent le faire croire pour ainsi justifier leurs pratiques malsaines et leur existence sur l'échiquier politique.

Être un acteur politique, c'est inspirer confiance à travers l'exemplarité de sa vie sociale, de son parcours académique et professionnel. Ce qui détermine un sens élevé du devoir, une capacité managériale et une efficacité dans la prise de décision. Le but de tout engagement politique doit être de servir dans l'honneur et dans la dignité.

Le contraire serait une forme de perversion déguisée, qu'on tente d'imposer en norme, pour faire croire aux esprits faibles que cela se passe ainsi partout ailleurs. Autrement dit, que la politique ne serait qu'une sorte de banditisme autorisé, et que les lois et institutions doivent être taillées sur mesure au profit des membres d'une mafia qui ne dit pas son nom.

Rien qu'en observant la pratique politique en général et la gouvernance publique en particulier, on se rend compte que notre pays est tout le contraire de ce qu'il aurait dû être. Des personnes sans références crédibles ont malheureusement acquis une influence nuisible sur la société, la polluant au point où nous en sommes arrivés à des interrogations et doutes sur les fondements de notre société, car même les piliers du vivre ensemble ont été fragilisés par leurs actions.

Malheureusement cette situation durera aussi longtemps que les citoyens porteurs de valeurs morales et de compétences professionnelles refuseront de s'engager. Car seul un engagement véritable et sincère pourra mettre fin à plus de six décennies d'amateurisme, d'arrogance, d'arrivisme, d'opportunisme et de cruauté dans la gestion des affaires publiques. Cela suppose de porter des initiatives qui pourront éventuellement inverser la mauvaise tendance et ainsi aboutir à l'instauration d'un système vertueux de gouvernance. C'est aussi la seule manière d'assainir le débat public pour permettre aux électeurs, dépositaires et sources de légitimité politique, d'opérer de meilleurs choix parmi les différentes offres.

Quelle est la pertinence de se déclarer apolitique sous la dictature et dans la pauvreté ?

Dans les débats publics en Guinée, il arrive souvent d'entendre des journalistes, des politiques, des fonctionnaires, des citoyens ordinaires ou des auditeurs médias, se plaindre en disant qu'on parle plus de politique que de développement dans notre pays. Un tel raisonnement donne l'impression que les deux thématiques sont dissociables, donc qu'il soit possible de prioriser l'une au détriment de l'autre. Évidemment que cela est insensé dans la mesure où le développement n'est rien d'autre qu'un résultat de la politique. Il se définit comme étant la transformation qualitative de la société, c'est-à-dire des conditions de vie des populations dans toutes les dimensions.

Alors la manière par laquelle cela devient possible, s'appelle la politique. Celle-ci, contrairement à la manipulation vicieuse des mentalités, est l'art de gérer la cité à travers des décideurs élus et nommés disposant de moyens selon des mandats précis, pour agir au nom et dans l'intérêt de tous. Cela étant, notre pays a la particularité d'avoir des problèmes essentiellement structurels. Alors ils ne peuvent être résolus que par la qualification de la gouvernance publique. Cela suppose la nécessité à tous les niveaux, d'un leadership visionnaire, rigoureux et responsable pour réorganiser notre société autour des valeurs et principes conduisant au progrès et au bien-être collectif.

D'où l'importance de l'engagement militant des personnes dotées de compétences professionnelles et de valeurs morales pour faire disparaître de l'espace public les opportunistes et arrivistes qui ont toujours pris notre pays en otage pour des intérêts particuliers et malsains. Quelles que soient les qualités d'un conseiller technique, il sera toujours inutile auprès d'un piètre décideur politique dont les calculs peuvent être en déphasage avec les besoins des populations. C'est d'ailleurs le cas dans notre pays où, de façon pratique, il est facile de remarquer particulièrement dans l'administration publique, des techniciens compétents se plaindre de n'être pas suffisamment écoutés par leur hiérarchie ou simplement mis à l'écart de la gestion, car ayant un esprit critique ou anti conformiste. De tels cas de figure prouvent qu'il est toujours avantageux pour le pays que les personnes les mieux qualifiées prennent les devants au lieu de se contenter du second ou troisième rôle, qui est souvent source de frustration et de démotivation.

Cela démontre qu'aussi longtemps que les bonnes personnes continueront naïvement de se dire apolitiques, les mauvaises graines de la société vont mal décider de leur avenir tout en leur privant aussi du droit de s'en plaindre. C'est la loi de la nature et notre pays en est un parfait exemple. Ne dit-on pas que lorsqu'on refuse de faire la politique on risque d'être toujours sanctionné en étant gouverné par moins valeureux que soi.

Dès lors que la source du mal est identifiée, c'est-à-dire la mauvaise qualité du leadership qui prend les décisions et conduit l'avenir des populations, n'est-ce pas là où il faut être pour changer les choses ? Dans ce sens aucune parcelle du pouvoir politique n'est inutile ou négligeable. Dès lors que l'administration de la cité détermine l'avenir de ses habitants, il ne faudrait pas laisser la place à ceux qui, ne trouvant rien à faire, font de la politique leur gagne-pain. De façon incontournable, c'est par le rapport de forces qualitatif que les meilleures offrent de service seront en concurrence pour le bien de tous.

La lutte contre la pauvreté, les défis de la démocratie et la bonne gouvernance, l'amélioration des conditions de vie et la protection des droits et libertés, découlent d'une vision et d'une volonté des dirigeants élus et nommés. Alors ces problématiques se discutent et se décident d'abord dans la sphère politique avant de se répercuter de façon verticale aux populations à travers les organes de mise en œuvre. Donc la qualité des décisions est naturellement proportionnelle à celle des décideurs.

Rester distant de la politique par la passivité, l'équilibrisme ou le désintérêt, revient non seulement à laisser la gestion de son avenir dans les mains de ceux qui sont incapables, mais aussi à se donner un rôle d'observateur des décisions sur sa propre vie et celle de ses enfants. Est-ce une garantie de réussite pour soi et pour les autres ?

Une observation de l'évolution de la vie politique nationale permet de dire que les intellectuels votent rarement et ne sont pas souvent candidats aux postes électifs, surtout au niveau local. Cela est dû à deux raisons essentielles : le traumatisme psychologique de la violence politique dans notre histoire et le sentiment de supériorité qui découle de leur statut socio-professionnel.

Le premier s'explique par la peur d'agir et se retrouver soit en prison ou en exil comme cela a toujours été la caractéristique de tous les régimes successifs. Le deuxième cas de figure s'explique par le fait que dans la plupart des cas, il suffit pour une personne de faire de bonnes études et obtenir un emploi conséquent, pour ensuite s'éloigner de la société. Ainsi elle devient sélective dans ses fréquentations et réduit son utilité sociale. Un ensemble d'attitudes qui l'éloigne des populations, donc des électeurs potentiels. Ce qui lui met dans la posture d'une personne qui est plus à l'aise à critiquer devant sa télévision que de le faire à la place publique là où pourtant elle peut mieux contribuer à changer les choses dans le bon sens.

Comment peut-on faire d'un individu un chef de quartier, conseiller communal, député législateur s'il n'y accorde aucun intérêt et il s'éloigne volontairement des problèmes de sa communauté ? La nature ayant horreur du vide, les plus médiocres prennent ainsi la place des plus intelligents pour imposer leur diktat sur l'avenir de la société.

DEUXIÈME PARTIE

Les enjeux contemporains et les défis du futur

La Guinée aurait-elle un problème de constitution ou de grandeur de ses dirigeants ?

À priori toute constitution exprime une vision théorique de l'organisation et du fonctionnement de la société au bénéfice de ses composantes ; donc elle ne vaut que par son application pratique. Alors le facteur le plus déterminant étant sa mise en œuvre, c'est à travers des personnes vertueuses qu'une constitution peut se pérenniser et servir l'intérêt général. Cela veut dire qu'aussi longtemps que ce sont les médiocres, c'est-à-dire des personnes sans références sociales, académiques et professionnelles crédibles qui auront la charge de la gestion d'un pays, celui-ci peut se doter des meilleurs textes de loi, mais ils resteront un idéal.

En se basant sur l'exemple le plus récent, la constitution de 2010 était considérée par beaucoup d'analystes comme étant progressiste pour la simple raison que pour la première fois dans l'histoire politique de notre pays, des dispositions intangibles y avaient sacralisé le principe de l'alternance à travers la limitation du nombre et de la durée des mandats. À supposer que l'ancien président Alpha Condé, malgré son bilan global peu honorable, ait respecté ne serait-ce que son serment et les verrous constitutionnels relatifs à l'alternance, il aurait grandi cette constitution et condamné son successeur à faire mieux que lui dans la valorisation des principes fondamentaux de notre démocratie. Mais comme il a manqué de grandeur, il a créé l'opportunité de remise en cause des acquis de la lutte démocratique dont il a pourtant contribué à porter lorsqu'il était opposant ; d'où le coup d'État militaire du 5 septembre 2021 et ses conséquences sur la stabilité constitutionnelle et institutionnelle. De ce fait, il est indéniable que l'échec des politiques en général dans nos États favorise l'irruption de l'armée sur la scène publique en ayant tous les arguments pour convaincre les populations. Surtout que celles-ci sont souvent politiquement immatures et pas suffisamment instruites pour comprendre au bon moment les véritables enjeux qui sous-tendent les actes posés.

Il est aussi vérifiable que la plupart des maux dont souffre notre société sont prévus et punis par nos lois. Mais le manque d'exemplarité et de responsabilité des dirigeants rendent leur portée très marginale.

Il faut également rappeler qu'en Guinée, de l'indépendance à nos jours, il n'y a jamais eu la passation de pouvoir entre un président élu et un président sortant. Donc notre histoire politique est faite de rupture brutale et anarchique entre des dirigeants qui n'ont pensé qu'à leur règne absolu au détriment d'un peuple dont il fallait garantir le futur à travers des actes forts. La seule constante reste et demeure les mauvaises pratiques de la gouvernance publique ; cela est le dénominateur commun de tous les régimes et décideurs, civils et militaires, qui se sont succédé aux commandes de l'État.

En définitive, c'est par la grandeur des dirigeants que les textes constitutionnels peuvent avoir un sens et une portée. Cette réalité étant universelle, c'est à travers l'engagement politique des hommes et femmes dignes, patriotes et compétents, donc ayant le sens de l'honneur, que la Guinée trouvera la voie de la démocratie et du développement.

Transitions militaires : autopsie d'un mal politique, économique et social

En général, les transitions politiques constituent une opportunité de redistribution des cartes et de répartition du pouvoir. Malheureusement, elles peuvent ouvrir aussi la voie à toutes sortes d'opportunisme et de travers. Quoi qu'il en soit, la rupture d'avec l'ordre existant change la nature des rapports de forces politiques et quelquefois l'équilibre de la société elle-même. Elle peut survenir pour des raisons liées à la qualité de la gestion publique, la légitimité des dirigeants en fonction, les pratiques de la gouvernance, la sociologie des populations, etc.

Très souvent dans ce genre de mutation, les acteurs politiques qui s'agitent le plus pour promouvoir une transition de longue durée, sont ceux qui n'espèrent rien gagner à travers les compétitions électorales inclusives et transparentes. L'illustration en est que la première ligne de propagande est souvent occupée par des prétendus leaders politiques qui sont incapables de diriger un véritable parti pour conquérir l'électorat ; ce sont les adeptes des combines ou les partisans du moindre effort qui espèrent tout gagner uniquement sur et sous la table. En fait, ils se mettent à l'abri pendant les moments critiques et réapparaissent après la tempête pour espérer tirer les ficelles du pouvoir dans l'ombre. Leur objectif est de faire éliminer les candidats représentatifs pour espérer tromper les électeurs en profitant du vide qualitatif.

Au début des années 2000, pendant la transition militaire, Laurent Gbagbo, ancien président de la Côte d'Ivoire semble avoir usé de cette stratégie pour miroiter au Général Robert Gueï un "deal" politique et un partage du pouvoir en éliminant les concurrents face auxquels il avait peu de chance de gagner aux élections présidentielles. La suite de l'histoire a été l'assassinat du Général Gueï, la rébellion qui a conduit à la partition du pays, la chute de Laurent Gbagbo après deux mandats au pouvoir sans élections, et l'avènement d'Alassane Ouattara contre lequel toutes ces combines étaient montées.

La seconde catégorie est composée de clients politiques sans références ni troupes. Incapables de constituer ne serait-ce qu'un bureau exécutif complet d'un parti, ils ont la prétention de pouvoir mobiliser l'ensemble de la population pour animer des fronts et mouvements de défense en faveur des autorités de transition. En réalité ce sont des chercheurs de gratins pour se nourrir et disparaître dès que la situation tourne mal. Ils n'hésitent jamais de se recycler à la moindre opportunité ; peu importe l'image déshonorante qu'ils renvoient à la société.

La troisième catégorie est celle des "dinosaures" politiques qui veulent souvent danser plus vite que la musique en mettant la pression pour la tenue des élections, peu importe leur qualité. L'essentiel pour eux est de tirer profit des circonstances pour s'emparer du pouvoir même si cela ne règle pas les problèmes de fonds qui conduisent régulièrement le pays à l'instabilité institutionnelle.

Dans le nouveau contexte devenu plus contraignant grâce à la vigilance citoyenne, les juntes militaires sont conscientes qu'il est devenu difficile, voire impossible, de confisquer le pouvoir, car leurs arguments dans ce sens ne peuvent convaincre les esprits éclairés et les institutions démocratiques internationales. Alors sachant bien que la pression croisée au niveau interne et externe finira par les faire plier, leur stratégie repose sur comment gagner du temps pour tirer suffisamment profit des avantages du pouvoir, se protéger pour l'avenir et "miner" le terrain avant de négocier leur départ. Cette stratégie repose sur plusieurs axes :

- Créer de la cacophonie pour empêcher les acteurs politiques et institutionnels d'avoir une position commune sur la manière de poser les contraintes et exigences à la junte au pouvoir ;
- Mener des actions populistes pour faire rêver les populations afin de rendre illisible la trajectoire de la transition ;
- Diviser l'opinion publique pour faire diversion sur les combines politiques et l'enrichissement illicite des responsables et soutiens aux autorités de la transition ;

- S’acharner contre les acteurs politiques et sociaux représentatifs pour leur donner de quoi s’occuper tout en espérant démotiver et démobiliser leurs partisans ;
- Entretenir des nains politiques à coût d’argent, de postes et de promesses pour en faire une mouvance de la transition et des “vuvuzelas médiatiques” pour les besoins de la propagande.

Une fois la position politique et financière devenue confortable, les juntes militaires font semblant d’être flexibles sur la durée de la transition en réduisant théoriquement son délai. En réalité, il s’agit d’exercer le pouvoir le temps nécessaire à son agenda, et faire semblant de le rendre sur un délai raisonnable qui ne court qu’à partir de la date d’obtention d’un accord ; c’est-à-dire un délai amputé de la période allant de la prise du pouvoir au moment des négociations.

Entre temps, il se trouvera qu’un dispositif est déjà mis en place pour protéger les barons du système et faire échouer le processus politique sur le moyen terme. Ainsi, ce serait une façon de préparer les conditions d’un retour de l’armée au pouvoir sous prétexte de l’échec des politiques dont les véritables causes pourraient être les manœuvres dilatoires de la transition précédente. C’est également une manière de piéger le processus démocratique en condamnant le pays à rester dans les cycles éternels des coups d’État.

C’est pourquoi, aussi longtemps que le pouvoir sera donné par un cercle d’individu à la place des électeurs, la stabilité politique et institutionnelle de nos États sera compromise. Il va de soi que l’échec d’une transition n’est que la reprogrammation d’une autre.

L’autre dimension préoccupante des périodes de transition militaire, c’est le développement des économies criminelles suite à la combinaison de plusieurs facteurs.

Le premier est celui de la fragilité des organes de gestion de la transition en ce sens qu'ils émergent sur la base d'une rupture inattendue, donc imprévue. Ce qui suppose qu'entre le temps d'installation et de maturation de la nouvelle politique de gestion, le tâtonnement caractérise la conduite des affaires courantes dans le service public avec effet sur l'ensemble de la chaîne d'activités dans le pays.

Le deuxième est relatif au manque d'expérience des gestionnaires éventuels de la transition qui sont souvent dans un rôle qui n'est pas le leur ; donc qui ne sont pas préparés à la conduite de l'État surtout en période de pression multiforme. Les risques s'amplifient par le fait que les espoirs suscités par le changement de régime amènent les populations à être trop exigeantes vis-à-vis des décideurs souvent limités sur le plan technique à apporter des réponses appropriées à la demande sociale.

Le troisième est l'incertitude qui est le plus mauvais paramètre dans les prévisions économiques. Celui-ci n'encourage ni les investissements locaux ni ceux internationaux d'autant plus cette période, du point de vue des agents économiques et des partenaires au développement, est généralement considérée comme étant un moment "d'observation de l'évolution de la situation".

Alors compte tenu de toutes les urgences liées aux promesses et au besoin de justification des coups d'État, les juntes militaires se retrouvent en difficulté de garder le niveau de popularité sur la durée. Donc le besoin de rehausser la pente à tout moment amène les dirigeants soit à trouver des alternatives ou faire avec celles qui s'offrent plus facilement à eux. La nature ayant horreur du vide, à défaut d'avoir un système économique fonctionnel et transparent, les réseaux les moins recommandables composés et entretenus par des mafieux et autres vendeurs d'illusions, occupent l'espace libre et dictent leurs lois. Finalement, la pauvreté prend plus d'ampleur au sein des populations tandis qu'une petite bourgeoisie dirigeante émerge avec une rapidité suspecte. Elle couvre les acteurs économiques véreux dans l'acquisition des marchés publics et l'exploitation des ressources du pays en dehors de toutes procédures légales ou par la corruption des dirigeants d'institutions publiques fragiles. Ainsi les vices qui ont justifié la nécessité du coup d'État reviennent en force et au cœur de l'ensemble de l'appareil de gestion sous forme de népotisme, d'abus, de détournement de deniers publics. Tout ceci sur fond de violence à l'endroit des forces critiques et de contradiction.

À force d'accumuler les dérives, une sorte de piège enferme les meneurs de la transition de sorte qu'ils soient partagés entre l'idée de quitter volontairement le pouvoir en ayant en tête le risque de se voir poursuivit en justice pour les crimes et délits éventuellement commis, ou de s'y accrocher pour gagner plus de temps avec l'argument de corriger les insuffisances structurelles dont ils ont contribué à amplifier. Quoi qu'il en soit, l'échec et la peur du lendemain créent un nouveau contexte caractérisé par deux principales options pour la junte : tentation de conserver le pouvoir pour soi ou le transférer par la manipulation et la fraude électorale aux politiciens les plus proches de son agenda malsain.

En tout état de cause, c'est un ensemble de situations qui creusent davantage le fossé entre les “nouveaux maîtres” et les populations qui prennent conscience de l'arnaque. L'économie criminelle étant par essence un système de concentration des ressources dans les mains d'une infime minorité de la société, le constat citoyen du changement du niveau de vie des dirigeants de la transition génère toutes les sources de frustrations et de révoltes populaires. En somme, le risque de retour à la case départ devient plus plausible et le changement structurel promis et tant espéré se réduit en désillusion et déception.

Le dialogue et les politiques dans la gouvernance transitoire

L'histoire de l'humanité a révélé que seules les personnes vertueuses sont capables de faire du dialogue le moyen de règlement des conflits. Cela s'explique par leur grandeur d'âme, et les valeurs et principes qu'elles portent. Tout le contraire de ceux qui pensent que le dialogue est une faiblesse ou un moyen de flouer son adversaire. L'honneur et la respectabilité ne s'acquièrent pas par un titre ronflant donnant le droit d'être arrogant, cruel et roublard.

Un gouvernement qui ne respecte pas la vie des citoyens et les lois de la république, est-il crédible pour prononcer le mot “dialogue” ? Des dirigeants corrompus et illégitimes sont-ils qualifiés pour faire la morale ? Que vaut la parole d'un président qui viole son serment solennellement prononcé à la face du monde ? Malheureusement pour notre pays, on se refuse de nommer les tares de notre société par leurs noms. Il existe une catégorie de personne qui a pris l'habitude et le malin plaisir de manipuler et distraire l'opinion publique avec des concepts creux dont eux-mêmes ne croient nullement. Ils ne se manifestent jamais pour exiger la justice et le respect des lois, encore moins défendre les victimes et promouvoir les bonnes pratiques qui améliorent le vivre ensemble. Par contre, et pour les privilèges du pouvoir, ils n'hésiteront jamais de renier l'ensemble de leur combat politique pour incarner toutes les contre-valeurs dont ils dénonçaient auparavant.

Dans le contexte particulier d'une transition politique, à défaut d'une légitimité par les urnes, le consensus est le levier idéal dont toute autorité transitoire doit se servir pour rendre acceptables ses choix et décisions. Et cela est souvent facilité par l'existence d'un cadre structuré de dialogue entre ses différents acteurs.

La prise du pouvoir par des moyens illégaux, donc condamnables, fait que ni les organes ni les dirigeants d'une transition, qu'elle soit militaire ou civile, ne peuvent se prévaloir a priori de la légitimité du peuple, car n'étant pas élus. Alors, en pareille circonstance, l'idéal serait toujours d'avoir une posture inclusive dans la conduite et la gestion des affaires publiques en vue d'un retour à l'ordre constitutionnel. C'est pourquoi, il ne faut pas commettre l'erreur de dérouler un agenda au nom du peuple, dans un cadre exclusif faussement institutionnalisé qui ne le représente nullement.

Dès lors que la charte de la transition, source de légitimité de tous les organes, n'a fait l'objet ni de consultation ni de consensus, son contenu ne peut être accepté que par la méthode consensuelle. D'où l'intérêt de créer un cadre de dialogue inclusif pour recueillir les avis et prendre en compte les préoccupations des organisations politico-sociales les plus représentatives du pays. Une telle démarche a comme premier avantage la réduction des sources d'incompréhensions, donc de conflits. Également elle permet de rapprocher les positions afin d'utiliser toutes les bonnes idées qui peuvent contribuer à la bonne marche de la transition, et dans le sens de la correction des insuffisances structurelles et des erreurs antérieures.

Dans un contexte de fragilité et d'incertitude, c'est une manière de s'assurer d'une part le moins de risques possibles et d'autre part de mettre de son côté toutes les chances de succès des réformes fondamentales.

Il faut partir du constat que si l'armée fait régulièrement irruption sur la scène politique, comme c'est le cas dans notre pays, cela est généralement dû aux échecs de la gouvernance civile dans tous ses aspects. Et puisque ce sont les politiques qui ont la légitimité de conquérir et exercer le pouvoir selon les principes démocratiques, une remise en question du fonctionnement de notre démocratie et de son personnel politique devient une nécessité. Toutefois il faut noter que l'armée est une composante de la société, donc il est difficile de concevoir qu'elle soit extérieure à tous les travers qui conduisent aux multiples crises. Quelques fois elle contribue à les préparer pour justifier la nécessité de ses incessantes immixtions sur la scène politique.

En ce qui concerne spécifiquement les différentes transitions militaires qui se sont déroulées en Guinée, bien que cela puisse prêter à interrogation, il faut être de mauvaise foi pour nier l'accompagnement dont elles ont toutes bénéficié de la part de la classe politique et des organisations de la société civile. En parlant du cas le plus récent, c'est-à-dire la transition en cours, il faut préciser avant tout que les premières initiatives de la classe politique n'étaient faites ni pour favoriser ni pour défavoriser qui que ce soit ; c'est la chute du dictateur Alpha Condé et la renaissance de l'espoir qui ont été avant tout applaudies et soutenues.

D'ailleurs il est toujours reproché à la classe politique dont le rôle et la responsabilité première est de conquérir et exercer le pouvoir à travers des élections régulières, de soutenir une junte militaire ou du moins l'accepter. Malgré que cela soit questionnable par endroits, certains faits exigent un jugement plus réaliste qu'idéaliste sur les options qui se présentent et les circonstances qui s'y imposent.

En fait, dans la logique du combat citoyen qui a été mené contre le troisième mandat porté par l'ancien président Alpha Condé, bien que l'idéal aurait voulu que cela ne soit pas à travers un coup d'État militaire, son aboutissement a été salué par les populations et les acteurs représentatifs qui ont participé à ce combat ; c'est-à-dire les organisations politiques et sociales. Cela montre tout simplement leur engagement dynamique à mettre l'intérêt de la Guinée au-dessus des intérêts individuels, claniques ou corporatifs. C'est ce qui explique toutes les initiatives remarquables menées dans ce sens, dont le consensus tacite sur le principe d'une transition apaisée, les plaidoyers et lobbying pour obtenir le soutien des partenaires internationaux de la Guinée, la sensibilisation des militants et activistes, le rassemblement de la classe politique en des plateformes de proposition et le dépôt des mémorandums de réflexions aux autorités de la transition, les appels au calme et à la sérénité à l'endroit des populations, etc.

En dépit de tout, et n'ayant pas de retour rassurant en termes d'offre de collaboration de la part de la junte militaire du Comité National pour le Rassemblement et le Développement (CNRD), il devenait urgent de redéfinir consensuellement le chronogramme et la durée de la transition sur la base des axes prioritaires qui permettent un retour à l'ordre constitutionnel. À défaut, ce sont les mêmes risques de retour à la case départ qui replongent le pays dans l'incertitude.

Rendre le pouvoir aux citoyens pour espérer la démocratie

L'argumentation qui consiste à porter l'entière responsabilité de l'échec de la Guinée sur les acteurs politiques, relève soit de la méconnaissance de notre Histoire ou d'une stratégie de diabolisation à des fins inavouées.

Une dynamique enclenchée après la Deuxième Guerre mondiale associant des acteurs politiques et syndicaux a conduit notre pays à l'indépendance en 1958 sous le leadership de feu Ahmed Sékou Touré, ancien syndicaliste reconverti en politique ; son règne absolu et totalitaire a duré 26 ans. À sa mort en 1984, l'échec de sa gouvernance s'est symbolisé par la prise du pouvoir par l'armée à travers le Comité Militaire du Redressement National (CMRN).

Une transition de neuf ans, de 1984 à 1993, a accouché d'un régime militaire dirigé d'une main de fer par le feu Général Lansana Conté pendant une durée totale de 24 ans. En fait, la junte, dont la composition est issue des entrailles du premier régime, avait profité de l'enthousiasme de la chute de la dictature et le rêve de changement nourrit par les populations, pour endormir les élites avec des discours populistes. Le résultat en a été la conservation du pouvoir par l'armée et toutes les conséquences en termes de pauvreté, de violence d'État, d'instabilité institutionnelle et d'incertitude politique.

De 2008 à 2010, la transition militaire du Comité national pour la Démocratie et le Développement (CNDD) a également reproduit les mêmes travers de la gouvernance. Cette junte avait eu la même tentation que celle du CMRN avant de voir ses velléités freinées par la mobilisation des forces vives de la nation.

Donc, à l'instar de la précédente transition, celle-ci aussi fut tumultueuse et tragique avec comme seule particularité le fait qu'elle se soit déroulée en deux phases. La première a été conduite par le Capitaine Moussa Dadis Camara qui, après avoir fait l'objet d'une tentative d'assassinat le 3 décembre 2009, a été remplacé par le Général Sekouba Konaté ; celui-ci a finalisé le processus transitoire qui a conduit au retour à l'ordre constitutionnel. L'arrivée au pouvoir de l'opposant Alpha Condé dans des conditions électorales dignes d'un scénario Hollywoodien en dépit de nombreux sacrifices en termes d'engagement citoyen, est en soi tout un symbole d'une autre opportunité manquée pour le pays.

De 2010 à 2021, sous le régime Condé, les civils et les militaires ont gouverné ensemble par une convergence d'intérêts à travers un "deal" tacite au détriment des populations. Pour s'en rendre compte, il suffit de voir les allocations budgétaires, l'opacité des dépenses publiques, le train de vie des gouvernants, leur complicité dans le mal et la garantie d'impunité dont ils étaient bénéficiaires tout le long de sa gouvernance. Étant donné ce désordre institutionnel voulu et entretenu, il allait de soi que l'armée était l'organisation sociale la mieux préparée à prendre le pouvoir au détriment des acquis démocratiques obtenus de haute lutte.

Cela donne l'impression d'un jeu de dupes ou de passe-passe du pouvoir entre une élite politique corrompue et égoïste, et une hiérarchie de commandement militaire dont les membres se sont habitués aux privilèges du pouvoir. De nos jours, toutes les réformes annoncées avec tambours et trompettes, en particulier celle concernant la justice, semblent détourner le regard sur la responsabilité de l'institution militaire dans les dérives et travers qui ont généré les multiples crises du passé lointain et récent. L'Histoire de notre pays montre à suffisance que les forces de défense et de sécurité ont toujours été indexées comme étant les principaux acteurs des souffrances physiques et psychologiques des populations.

Par ailleurs, si la durée d'une transition peut être l'équivalent d'un mandat électif, quel sens aura un système démocratique ? La pratique des transitions militaires ne serait-elle pas ainsi encouragée pour devenir la règle de conquête du pouvoir ? Toujours est-il que depuis le 5 septembre 2021, suite à un troisième coup d'État militaire opéré par le Comité national pour le Rassemblement et le Développement (CNRD) avec à sa tête le Colonel Mamadi Doumbouya, nous en sommes à un nouveau virage de l'Histoire de notre pays. Celui-ci semble aussi courir tous les risques de se retrouver dans le ravin malgré les promesses, les intentions et l'envie de croire. Bien évidemment le contraire est le souhait de tous les Guinéens.

Au regard de toutes ces douloureuses expériences, il serait absurde de poser l'avenir de la Guinée sous la forme d'une illusion de type "Laissez l'armée nettoyer et les politiques viendront après", comme si les faits historiques nous rassurent autant. En réalité, de façon consciente ou inconsciente nous avons créé une mentalité rétrograde et un état d'esprit défaitiste dans notre pays ; c'est-à-dire le raccourci de la prise et l'exercice du pouvoir sans mandat légal et légitime. Cela signifierait qu'il suffit d'intégrer l'armée et s'organiser entre amis pour s'emparer du pouvoir un jour. Cette option semble encore être plus plausible dès lors que l'histoire de notre pays démontre suffisamment que l'échec d'une transition n'est que la reprogrammation d'une autre. Et le pire pour les populations est le fait qu'elles soient plus disposées à applaudir, s'adapter et s'accommoder, que de changer le cours de l'Histoire dans le sens de ses intérêts globaux.

Alors ce qui serait plutôt mieux à faire pour notre pays est que chacun soit à sa place et joue correctement son rôle dans le sens de l'intérêt général. Et pour cela, il faut rendre le pouvoir au citoyen en lui donnant la possibilité de choisir les dirigeants auxquels il souhaite confier son destin. Ce mécanisme s'appelle élections libres, transparentes et inclusives. Et c'est cet idéal de réappropriation citoyenne du pouvoir, qui a guidé l'esprit de tous les combats politique des 20 dernières années en Guinée.

Quoi qu'il en soit, aussi longtemps que notre pays n'aura pas une masse critique à travers un corps social instruit, conscient et engagé, ni les politiques ni les militaires n'auront peur de faire ce qu'ils veulent des leviers dont ils disposent ou dont ils peuvent s'accaparer en dehors de tout cadre légal.

Rééquilibrer les forces pour une gestion efficace du pouvoir

La plupart des conflits dans nos sociétés ont pour origine le partage du pouvoir. Que cela soit dans le domaine social, religieux ou politique, la guerre pour l'influence et les privilèges est aussi vieille que l'humanité.

En ce qui concerne les conflits de nature politique, les modèles de conquête et de gestion du pouvoir dans les États Africains en général et la Guinée en particulier, souffrent de plusieurs types d'insuffisance dont entre autres la problématique de la répartition et de l'équilibre du pouvoir politique. Le jeu dit à somme nulle étant le plus dominant parmi les caractéristiques de la pratique politique dans nos sociétés, il consiste à donner tous les leviers du pouvoir à celui qui gagne les élections, peu importe leur crédibilité, et en priver radicalement celui ou ceux qui les perdent.

En se fondant sur les réalités historiques et sociologiques de nos communautés, le pouvoir est généralement incarné par une personne de sorte que les modèles de sa gestion s'apparentent à une personnalisation des décisions ; en soit c'est une centralisation souvent excessive qui porte préjudice à la contradiction, donc aux chances d'anticipation et de résolution des problèmes de la société. Ainsi, toute critique sur la gouvernance est perçue comme une offense ou une opposition à visée personnelle ou carrément communautaire par déduction.

Les problèmes sociaux et religieux trouvent plus facilement de meilleures issues que ceux politiques ; cela grâce aux mécanismes traditionnels ou codifiés de régulation. Alors pourquoi ne pas s'en inspirer pour construire nos modèles de gouvernance politique ? Par exemple, il y a certains pays qui ont instauré de façon tacite la “diplomatie” religieuse ou sociale pour anticiper ou régler les conflits politiques ou inter personnels. Tout de même, malgré des résultats tangibles par circonstances, il faut avouer que les garanties d'efficacité ne sont pas à 100 % pour tous les cas de figure. Mais l'approche pourrait constituer un début de solution.

Toujours est-il qu'à l'évidence, les modèles les moins décriés sont ceux qui répartissent le pouvoir le plus largement possible à travers des institutions qui l'exercent de façon complémentaire et équilibrée. Par contre, les plus instables et violents sont ceux qui fonctionnent selon le jeu à somme nulle. D'ailleurs l'inconvénient majeur de celui-ci est de créer l'extrémisme et la radicalisation politiques.

C'est pourquoi il est nécessaire de trouver des mécanismes de gestion des rapports de forces pour faire en sorte que le rôle joué par chaque citoyen soit un bénéfice pour toute la nation. Trouver un mécanisme qui impose la cohésion et la cohabitation malgré les diversités et les divergences, pourrait être une option dans la bonne direction. Et cela peut se faire par l'instauration d'un système qui impose le consensus, la cogestion et le compromis tant en période des élections que tout le long de la gestion courante des différents pouvoirs caractéristiques de la société. Pour atteindre les équilibres qui réduisent les sources de conflits et les pouvoirs absolus, il faut que ceux qui gouvernent au sommet ne soient pas ceux qui gouvernent absolument à la base. Et mieux, les grandes formations politiques doivent forcément avoir besoin des minorités pour gouverner ou s'opposer.

Ce type de modèle aura l'avantage d'humaniser les antagonismes et créer des liens d'inter dépendance ou de complémentarité entre les acteurs politiques et sociaux à travers un système d'auto régulation de la gestion du pouvoir. Les modèles qui correspondent plus à nos pratiques répondent toujours mieux à nos besoins.

Comment fonctionne le système qui gouverne la Guinée ?

À observer les pratiques qui ne changent pas malgré le renouvellement au sommet de l'État, on peut se poser valablement ces questions : en réalité, qui sont les véritables décideurs et où se situe le centre du pouvoir politique en Guinée ? Lorsqu'on n'a jamais connu un système qui fonctionne pour nous servir, comment peut-on s'y reconnaître et avoir confiance en son autorité ?

Il est indéniable que les obstacles à la bonne marche d'une société, ce sont les opportunistes, les populistes, les arrivistes et les médiocres. Cela est valable pour un régime politique normal encore plus pour une transition militaire.

Rien qu'à voir les profils et actes de certains commis de l'État qui parlent et agissent au nom et au compte de l'autorité publique, on peut en déduire les raisons de l'échec de la gouvernance. En fait, la Guinée a toujours souffert des nageurs en eaux troubles dont la seule vocation est de créer et entretenir des crises pour en tirer profit. Un "business" très juteux qui est alimenté par une mafia souterraine dont les parrains rôdent autour de tous les pouvoirs avec une réelle capacité de recyclage et de nuisance. Cette catégorie n'a aucun intérêt à la paix et à la cohésion sociale, car l'apaisement est une menace pour leur existence dans le dispositif de la mangeoire du pouvoir. C'est à croire que notre pays est géré à partir de l'antichambre du pouvoir ; autrement dit les véritables décideurs agissent loin des regards et utilisent les dirigeants officiels comme des pions qu'ils déplacent au degré de leurs agendas malsains.

Cela s'illustre par certains faits concrets : les intérêts particuliers ont toujours pris le dessus ; les préoccupations des populations ne comptent pas ; les dirigeants officiels changent, mais les pratiques demeurent ; les espoirs sont toujours perdus ; les événements malheureux se répètent et se ressemblent souvent ; les nouveaux qui intègrent le système deviennent progressivement méconnaissables.

C'est d'ailleurs cette difficulté d'identification des véritables maîtres d'œuvre qui rend complexe non seulement la compréhension de notre système de gouvernance politique, mais aussi la correction de ses insuffisances. C'est ce qui explique que dans le raisonnement classique de nos concitoyens, chaque fois que la situation politique, économique et sociale devient critique, ils ont tendance à croire qu'il suffit de changer de président pour que le miracle se produise.

À partir du moment où les faits ont démontré que le changement de dirigeants ne suffit pas pour métamorphoser qualitativement le système, il est nécessaire de questionner la structure et le fonctionnement du pouvoir politique. Cela permettra d'identifier les facteurs de blocage réels pour pouvoir envisager des pistes viables de réorganisation du système de gouvernance.

Au lendemain des indépendances, la plupart des jeunes États africains étaient confrontés à des choix difficiles. La rupture avec l'ordre colonial et la jeunesse des nouveaux dirigeants n'étaient pas des facteurs qui allaient faciliter la suite des événements. La Guinée ayant choisi le système dit socialo communiste a construit un mécanisme ultra centralisé de gestion du pouvoir, et qui s'est personnalisé avec le temps. Ainsi l'État, par ses composantes et ses lois, se confondait en la personne de ses décideurs ; et cela de la base au sommet des responsabilités administratives et politiques. C'est dans ce sens que le système éducatif et l'environnement social ont été fondés sur l'obéissance aux dirigeants, la méconnaissance des lois et des institutions.

Tout ceci ayant permis un système de soumission qui ne favorise ni la contraction des idées ni la concurrence des initiatives. Évidemment un tel schéma est contraire au progrès de la société. Par contre, il est à l'avantage des agendas égoïstes et personnels.

La peur d'agir ayant amené l'élite intellectuelle soit à se réduire au silence ou à s'exiler vers des cieux plus favorables à son épanouissement professionnel et social ; créant ainsi un vide qualitatif au fur et à mesure de la marche de notre histoire. Ce qui en soi a toujours été une aubaine pour les pourfendeurs de notre jeune nation, de sa cohésion sociale et de son développement économique. Cela s'est matérialisé par de mauvaises pratiques enracinées dans la vie politique nationale et dans les mentalités de la plupart de nos concitoyens. Rien qu'en constatant la facilité par laquelle on accepte ou on s'adapte à des situations inimaginables sous d'autres cieux, l'on est en droit de se poser un certain nombre de questions. À qui profitent véritablement nos crises multidimensionnelles chroniques ? Ne sont-elles pas entretenues en permanence pour servir des intérêts particuliers ? Comment se fait-il qu'à chaque circonstance qui fait renaître l'espoir d'un lendemain meilleur, la gestion du pays se retrouve toujours dans les mains des personnes de mauvais profils ? Quel est le sort qui a toujours été réservé à ceux qui ont servi notre pays de façon loyale et efficace ?

Toujours est-il que les illusions de changement démontrent suffisamment que la Guinée, sauf quelques rares exceptions, est restée fondamentalement la même en termes de mode de fonctionnement de l'État, de mentalité citoyenne, de violence et cupidité des dirigeants, d'immoralité et complicité de certains dignitaires religieux et sociaux.

Quels sont les concepteurs et bénéficiaires des règles du jeu ? Les décideurs politiques ont toujours intérêt à créer de la division en entretenant la haine et la peur pour se constituer en remparts et boucliers protecteurs. C'est toute l'origine de leur stratégie qui consiste à générer eux-mêmes les problèmes, réels ou artificiels, pour inciter la population à leur confier la recherche des solutions. Une façon cynique de se rendre à la fois indispensable et incontournable.

Qui doit changer ces règles ? Au bénéfice de qui ? Il faut impérativement faire prendre conscience à la population le fonctionnement du système qui gouverne leur quotidien pour les motiver et mobiliser à agir pour eux-mêmes d'abord. Chaque fois que les citoyens commencent à s'inquiéter de l'avenir par le fait des crises aiguës, ils ont tendance à basculer vers une forme de populisme politique autoritaire qui peut consister à porter au pouvoir un homme prétendument fort qui pourrait régler leurs problèmes. Malheureusement cet état d'esprit qui se crée au gré des circonstances, favorise l'émergence de personnes dont le profil est souvent opposé aux valeurs de la démocratie.

L'autre particularité de la Guinée est le système socialo-communiste qui a prévalu pendant le premier régime et qui laisse encore des séquelles à presque tous les niveaux de la société. L'une des parfaites illustrations de cet état de fait est l'affaiblissement de l'esprit critique des citoyens qui se traduit par leur mauvaise compréhension du rôle des autorités publiques et leur mentalité d'assistance. En fait, le fondement du système est une double tromperie.

La première est celle qui fait croire que le service public, c'est-à-dire le rôle de l'État, est gratuitement rendu. Alors qu'en réalité, c'est une contrepartie des prélèvements fiscaux directs et indirects sur le contribuable. Donc il est à la fois payant et contraignant ; d'où le principe de redevabilité des dirigeants.

La deuxième consiste à rendre les populations pauvres et inconscientes afin qu'elles dépendent d'un petit groupe de "généreux" ; c'est-à-dire l'élite dirigeante et leur petit cercle de complices qui tiennent les rênes de l'Économie. Ainsi elles n'auront pas d'autres choix que d'accepter la bassesse, la soumission et la résignation au nom du fatalisme.

Cela pour permettre aux gouvernants de profiter tranquillement des biens publics et en distribuer à qui ils veulent comme bon leur semble. D'où le culte de personnalité et la démagogie de la mendicité. Naturellement lorsque le cerveau et le ventre sont vides, il ne peut y avoir de la place pour des ambitions encore moins pour la contestation.

Parmi les exemples les plus remarquables, lorsqu'une personne occupe une responsabilité publique, le plus grand nombre de ses visiteurs, c'est pour demander soit de l'argent ou une influence en leur faveur. Et le changement matériel rapide de son train de vie devient normal et acceptable. Toute critique là-dessus est vue comme étant de la haine ou de la jalousie à son égard.

Sur le plan social, une relation, quelle que soit sa nature, est généralement considérée comme étant une obligation de prise en charge. Bien que la solidarité mutuelle soit une valeur quasi universelle, elle doit s'organiser et s'imposer des limites pour ne pas rendre les citoyens fainéants et défaitistes.

En réalité, ce système est fait pour qu'une minorité se serve des leviers du pouvoir à son profit tout en maintenant la majorité dans la dépendance. Ce qui lui donne l'opportunité de toujours la contrôler avec les moyens publics (décret, argent, violence et faux espoirs). Sinon comment comprendre qu'une minorité écrase une majorité si ce n'est qu'à travers un système dont les règles fonctionnent en sa faveur ?

Alors c'est de cette façon que les régimes dictatoriaux s'implantent et exploitent toujours les citoyens qu'ils ne représentent même pas. Ils utilisent le populisme pour leur imposer la soumission à travers des lois qui ne s'appliquent jamais aux criminels qui sont au service du pouvoir. D'où la culture d'impunité et le sentiment du "deux poids deux mesures" qui caractérisent les régimes non démocratiques.

Le système du Parti-État : ce mal qui continue de ronger notre société

En Guinée, l'histoire des partis politiques au pouvoir nous enseigne qu'en réalité ils n'existent que par le fait des moyens publics. Ce système ayant son origine sous l'ère du premier régime avec le parti-État, reste si encré et rodé que toute personne qui accède au pouvoir, qui qu'elle soit et quelle que soit la manière, a la possibilité de se fabriquer un semblant de soutien et de popularité à travers l'administration, les avantages et les faibles esprits.

Cela est davantage facilité par le fait que la plupart des gens n'ont que la conviction de leurs intérêts particuliers. Sinon malgré les scores soviétiques avec lesquels ils prétendaient gagner les élections, comment comprendre que le PDG-RDA et le PUP, après un total d'un demi-siècle (50 ans) de règne absolu, ne soient plus capables d'animer même leurs sièges politiques à plus forte raison élire des dirigeants ? Le RPG qui a suivi les mêmes traces, pouvait-il échapper au même sort ?

En fait c'est ce qui rend la compétition électorale déséquilibrée et viciée dès lors que le parti au pouvoir se sert des moyens de l'État pour écraser toute adversité politique et contradiction d'idées. Cela se traduit par le fait que la banque centrale soit la caisse du parti ; les gouverneurs, préfets et sous-préfets deviennent des responsables de fédérations, sections et sous-sections ; les fonctionnaires des militants automatiques ; les médias publics des instruments de propagande, etc.

Malheureusement cette situation transforme l'État est un bien privé dont les propriétaires sont ceux qui en tirent profit. Les autres ne peuvent être que des victimes résignées ou résistantes. D'où la hargne des profiteurs, directs et indirects, vis-à-vis de toutes critiques à l'endroit des dirigeants et institutions dites publiques.

La légitimité des lois et décisions dans la gouvernance publique

Restreindre les droits des individus et interdire l'expression des libertés fondamentales sont l'une des caractéristiques des régimes autocratiques. Les systèmes répressifs s'instaurent par la stratégie des lois et décisions liberticides taillées sur mesure. À défaut d'avoir de la vertu et la capacité pour régler ou anticiper les problèmes de la société, les dirigeants véreux et radicaux s'arrangent toujours à rendre illégales toutes les formes pacifiques de contradiction. Cela leur permet de prédisposer les esprits immatures, donc manipulables, à la justification de la répression, aux emprisonnements et à toute forme de maltraitance des opposants. Ce type de pratiques encourage la radicalisation et la clandestinité de la résistance. Il va de soi que lorsque les gouvernants rendent impossible la forme démocratique de conquête et d'exercice du pouvoir, ils encouragent de façon implicite l'émergence d'autres options.

L'histoire nous enseigne quelques exemples illustratifs dans les luttes politiques menées à des endroits et dans des contextes différents dans le monde. En Afrique du Sud, l'African National Congress (ANC), le mouvement anti apartheid, avait été interdit d'activités par les autorités prétendument légales et légitimes du pays. Les partisans et leaders de la contestation étaient considérés comme des "terroristes communistes", donc leur répression sanglante y trouvait sa justification. Leur organisation était également sur la liste noire de plusieurs pays qui collaboraient avec le régime d'apartheid. La suite a été la lutte armée jusqu'à la chute du système de discrimination raciale et l'instauration de la démocratie représentative.

L'esclavage, le racisme et la colonisation avaient été aussi instaurés par des lois faites par et pour des régimes oppresseurs. Ils étaient des systèmes de domination qui protégeaient des intérêts particuliers tout en imposant la soumission aux victimes, au nom du respect de la loi. C'est pourquoi toute initiative de contestation était réprimée par la police et les juridictions au compte de l'autorité dite publique. La suite a été un combat multiforme qui a fait beaucoup de victimes et dont certaines dimensions restent encore des défis réels du monde contemporain.

En Côte d'Ivoire, c'est par des lois qu'Alassane Ouattara avait été contraint à l'exil et déclaré inéligible pendant plusieurs années pour défaut de nationalité ; ses partisans discriminés et persécutés. La suite a été plus de 8 ans de guerre civile et de lourdes conséquences pour le pays et la sous-région dans la mesure où la crise se passait dans la première économie de la zone de l'Union Économique et Monétaire ouest-africaine (UEMOA).

Au Rwanda, Paul Kagamé et sa communauté, les Tutsis, ont été aussi victimes de discrimination et persécutions pendant plusieurs décennies sur la base des lois fabriquées pour favoriser l'injustice à leur égard. L'apothéose de la criminalité d'État a été le génocide de plus 800 000 Tutsis en 1994. Il a fallu que cette communauté s'organise autour d'un mouvement de résistance armée qui s'appelait le Front Patriotique Rwanda (FPR), pour non seulement mettre fin aux horreurs du génocide, mais également ramener un équilibre et une justice sociale dans ce pays d'Afrique Centrale.

En fait, lorsque les politiques se mettent au service du mal, ils taillent les textes de loi à la mesure de leur agenda en utilisant des idéologues et des théoriciens pyromanes. C'était le cas dans les exemples précités et sous d'autres cieux qui vivent encore ou ont vécu des tragédies similaires. C'est pourquoi, la loi et les théories dans certains contextes ne peuvent suffire pour rendre acceptables tous les actes d'une autorité publique. Raison de plus pour poser souvent la question sur la légitimité de ceux qui gouvernent. Qui fait la loi et selon quelle modalité ? Quelle est la qualité de leur mandat ? Sont-ils correctement élus ou nommés pour prendre des décisions d'ordre législatif et administratif pour l'intérêt général ?

À cet égard, il faut se dire qu'un régime politique, en crise de légitimité soit par les conditions de son élection ou par son inefficacité dans la gestion, ne peut disposer d'une autorité suffisante pour prendre certaines catégories de décisions, tant sur le plan politique ou économique, au risque de mettre en danger l'équilibre politique et social du pays. Parmi ces décisions les plus préjudiciables à l'avenir social et économique figurent l'octroi de concession minière sur les ressources non renouvelables du pays sans aucun contrôle parlementaire. Ces contrats sont encore plus risqués lorsqu'ils reposent sur des prêts adossés aux ressources minières du pays.

L'ignorance et la mauvaise foi : ces véritables maux de notre société

Dans l'Histoire récente de notre pays, il est arrivé que le débat public soit caractérisé par une grande manipulation qui consiste à faire croire que les politiques et activistes de la société civile ne peuvent se mettre ensemble pour mener un combat. À entendre certains propos, c'est comme si le militantisme politique et l'activisme social sont absolument incompatibles et leur collaboration est contre nature. Alors que les deux ont plusieurs champs de convergence pour atteindre le même résultat : le bien-être des populations à travers une gouvernance globale vertueuse.

Pour le démontrer, il est nécessaire de rappeler certains grands faits de l'Histoire. Notre indépendance a été acquise grâce à une large coalition composée d'acteurs politiques, du mouvement syndical et estudiantin et des associations communautaires. En guise d'exemples, Sekou Touré et Koumandian Keita étaient parmi les plus grandes figures du syndicalisme africain. Yacine Diallo, Mamba Sano, Amara Soumah, Diawadou Barry ont été parmi les premiers élus politiques qui ont représenté notre pays dans les institutions métropolitaines.

À l'avènement du multipartisme intégral au début des années 90, les premiers partis politiques dont le Rassemblement du Peuple de Guinée (RPG) et le Parti du Renouveau et du Progrès (PRP), étaient dans une collaboration active et étroite avec la plupart des organisations de défense des droits de l'Homme telle que l'Organisation guinéenne de Défense des Droits de l'Homme (OGDH). D'ailleurs ce sont ces différentes plateformes qui ont été à l'avant-garde du combat pour la libération des prisonniers Alpha Condé et Bah Mamadou en plus d'autres figures politiques de premier rang sous la dictature du régime militaire du Général Lansana Conté.

Vers les années 2006-2007, c'est une coalition des partis politiques d'opposition, des centrales syndicales et associations de la société civile sous le nom des "Forces vives" qui avaient défié, au prix du sang d'une centaine d'innocents, le régime CONTÉ pour conduire à son affaiblissement et sa perte de crédibilité. Autant de facteurs qui ont empêché en décembre 2008 la succession constitutionnelle illégitime ; donc la continuité du régime dictatorial après la mort du Président.

C'est également une version renforcée des "Forces vives" qui a empêché la junte militaire du Comité national pour le Développement et la Démocratie (CNDD) de confisquer le pouvoir et permettre ainsi en 2010 l'élection à la présidence du premier opposant civil, Alpha Condé. À l'évidence donc, celui-ci a été le plus grand bénéficiaire direct des résultats de la lutte obtenue grâce à la collaboration des politiques et de la société civile.

C'est aussi le cas pour les organisations religieuses qui ne peuvent se mettre en marge lorsque les équilibres de la société sont menacés. Que la crise ait une source politique ou sociale, les citoyens sont les premiers concernés en amont en aval. Alors comment imaginer que des fondés de pouvoir social, politique ou religieux dont le rôle fondamental est avant tout de consolider les acquis démocratiques, promouvoir le vivre ensemble, protéger les populations contre les mauvaises pratiques de la gouvernance, peuvent-ils se mettre à l'écart de la politique comme si celle-ci est faite par et pour des extraterrestres ? Faut-il rappeler que Dr Martin Luther King Jr était un Pasteur, donc homme de l'église ? Qu'en est-il de l'imam Mahmoud Dicko et de l'archevêque Desmond Tutu ? N'ont-ils pas été à l'avant-garde des combats politiques, au prix de leur vie, pour l'intérêt de leurs concitoyens et des valeurs universelles ? Ces cas d'exemples n'étant pas exhaustifs, c'est pour démontrer qu'il y a des questions transversales qui sont toujours au-dessus des vocations sectorielles des organisations qui composent la société. Entre autres, lorsqu'il s'agit de la constitution, des droits de l'Homme, des libertés fondamentales, de la gouvernance publique, tous les citoyens doivent se lever et se mettre ensemble comme un seul homme, sans aucune distinction, pour non seulement prendre position dans le débat public, mais les défendre et les promouvoir dans le sens de l'intérêt général.

Alors ce type de manipulation malsaine qui veut que les politiques et la société civile soient antagonistes, est souvent portée par des personnes sans scrupules qui agissent au solde des régimes nocifs dont la plus grande peur est l'union des forces qui veulent que la Guinée aille de l'avant.

Dans le même ordre de manipulation des mentalités, le raisonnement qui consiste à dire que "La politique de la chaise vide ne porte jamais", est l'un des plus illustratifs. Cette expression est d'ailleurs récurrente dans le langage politique ordinaire, surtout en période de crise aiguë où on parle de dialogue et autres formes de négociations.

Et fait, les différents régimes qui se sont alternés au pouvoir ont toujours trouvé des clients politiques pour remplir les chaises de leurs agendas sans que cela n'aide la Guinée à résoudre ses problèmes majeurs. C'est pour dire qu'au lieu d'être un instrument pour peser dans la bonne orientation des décisions, ce type de discours a plutôt été une manœuvre pour faire partager la responsabilité des dérives de la gouvernance.

Certes, en dépit des contradictions, il est toujours idéal de privilégier le dialogue pour aplanir les divergences et construire ensemble ; c'est d'ailleurs l'essence de la démocratie. Mais pour que cela soit ainsi, il faut bien que ce soit des personnes vertueuses qui se réunissent dans un cadre formel ou informel pour discuter et mettre en application les résolutions qui en résultent.

Alors pour le cas particulier de la Guinée, cette argumentation reste encore une stratégie de manipulation pour faire valider des agendas au seul profit des gouvernants. En quelque sorte, c'est la formule dont se servent les confusionnistes et opportunistes politiques pour protéger leurs intérêts. Et ce qui s'avère regrettable est le fait qu'au lieu de fustiger les manipulateurs, une certaine opinion veut toujours se dresser contre ceux qui refusent de jouer le mauvais jeu des manipulateurs ; toute chose qui a contribué à nuire la Guinée depuis des lustres.

Alors les faits et l'histoire nous démontrent que remplir les chaises dans le cadre d'un simulacre de dialogue, ne peut nullement signifier défendre l'intérêt général encore moins s'acquitter efficacement d'un devoir citoyen.

Diabolisation des acteurs politiques : stratégie de diversion pour conserver le pouvoir

En Guinée, le déroulement des événements politiques nous démontre souvent que les détenteurs du pouvoir ne tirent pas assez d'enseignements sur les échecs de leurs prédécesseurs pour éviter de les refaire et subir le même sort. Les régimes politiques passent l'essentiel du temps à combattre l'opposition en utilisant fréquemment les moyens les plus cyniques. Et pour cela, leurs actes et propos sont motivés par des considérations de politique politicienne : nomination des transhumants politiques, promesses populistes et fallacieuses, fabrication et entretien d'opposants fantoches, répression sanglante des activistes, etc. Pourtant cela coûte des moyens et de l'énergie qui, au lieu d'être déployés à l'amélioration du bien-être des populations, se retrouvent perdus dans ce type d'initiatives stériles.

Espérant isoler, diaboliser et anéantir les acteurs politiques souvent représentatifs, ces manœuvres malsaines qui font fixation sur les personnes, finissent par contribuer à l'échec du régime et au renforcement de la crédibilité de ceux qu'il combat. Dès lors qu'une classe politique ne se réduit pas au nom des leaders des partis qui la composent, il est important de recadrer le raisonnement en se mettant à l'idée qu'elle symbolise tous ceux qui s'y reconnaissent pour une raison objective ou subjective.

Dans un pays aussi divisé et politisé que le nôtre, les discours des partis politiques semblent plus écoutés que ceux des institutions de l'État ; ce qui n'est pas une bonne chose, car c'est l'inverse qui devrait se faire dès lors que le principe voudrait que l'autorité publique représente tous les citoyens en se mettant au-dessus des considérations catégorielles.

Mais en prenant la situation telle qu'elle se présente, lorsqu'on veut faire passer un message au plus grand nombre, quoi de plus simple et intelligent que de le faire à travers des acteurs crédibles et représentatifs, c'est-à-dire les partis politiques. Cela est mieux et plus utile pour la société que d'engager un bras de fer avec ceux-ci. Le pire serait de le faire en utilisant un discours subtil de diabolisation des élections comme s'il y a une nécessité de faire un choix entre des élections et un prétendu programme de refondation de l'État.

Comment le système se sert-il de nos émotions pour nous écraser ?

Pour essayer de comprendre les agitations émotionnelles qui caractérisent régulièrement les discussions publiques sur notre Histoire politique, il faut questionner la manière par laquelle on s'informe sur le sujet. Comment notre histoire nous a été racontée ? C'est évident que nos manuels scolaires ont beaucoup de limites sur la question. Et cela s'explique par plusieurs raisons.

Au temps du premier régime, le système de pensée unique n'offrait aucune possibilité à la contradiction dans les recherches et le débat. Alors les détenteurs du pouvoir ne donnaient au peuple que ce qui les arrangeait ; c'est-à-dire enseigner les éloges du Parti démocratique de Guinée (PDG), parti unique et parti État, et ses membres. Cela pour instaurer un système de domination idéologique absolue. La finalité assignée à l'éducation étant plus orientée sur la fabrication d'un militant nourri de dogme qu'un citoyen au service de la République.

Pour en tirer profit, le second régime n'a pas voulu y apporter des réformes structurelles en élaborant des programmes de recherches sur le sujet. Naturellement le vernis sur le bâtiment en désuétude ne pouvait pas permettre d'opérer la rupture nécessaire.

Le troisième régime a poursuivi la stratégie d'instrumentalisation et de sabotage du système éducatif de sorte que le pays s'est retrouvé avec un programme scolaire plus politisé et moins efficace. Le résultat ne pouvait être que pire et le constat reste toujours alarmant.

Alors à défaut d'avoir des sources scientifiques fiables par la faute de l'État, la famille et le social occupent ce vide. La plupart des versions racontées de notre histoire politique nous viennent d'un témoignage ; soit d'un parent ou d'un proche qui raconte. Donc selon le degré de confiance et le lien affectueux, cela devient la version officielle pour celui à qui elle est destinée.

Parmi ceux qui prennent la parole en public sur le sujet, combien citent des rapports d'études, des ouvrages scientifiques des historiens, sociologues ou politologues ? Combien disent avoir visité un musée de l'Histoire pour témoigner de ce qu'ils ont appris ? Rien qu'à voir la place de la recherche dans le budget de l'Éducation, l'inexistence des bibliothèques et le manque de passion pour la lecture auprès des citoyens, on se rend compte que nous sommes dans une sorte d'errance. Le tout baignant dans une société de confusion entre chroniqueurs, témoins de l'Histoire et historiens professionnels.

Qui a intérêt à ce que cela soit toujours ainsi ? Évidemment nos gouvernants qui ne veulent jamais qu'on comprenne les fondements du système de domination dont l'un des piliers est justement la version erronée de notre histoire politique.

Il y a également un raisonnement peu sensé qui se répète souvent dans certains débats publics ; celui de dire que "les politiques ne s'intéressent qu'aux élections... » Ceci est martelé avec une si grande passion qu'on a l'impression d'entendre un exposé de crime.

Les élections sont pour les politiques ce que la compétition est pour les sportifs ; c'est à la fois leur principale vocation et leur raison d'exister. Ils concourent pour pouvoir disposer de mandats électifs leur permettant de mettre en application leurs projets de développement.

Néanmoins, il faut préciser que les élections ne sont pas qu'une affaire des politiques. Elles concernent avant tout les électeurs, donc les citoyens qui doivent choisir celui ou ceux qui vont parler et agir en leur nom. Dans la même logique de raisonnement, bien que le championnat soit organisé pour les sportifs, il n'a de sens et de l'intérêt que lorsque les spectateurs et sponsors se mobilisent pour faire d'une passion un business. Et c'est en cela que chaque acteur gagne selon le rôle qu'il joue et les ambitions qu'il porte.

En général, cette stratégie de manipulation des mentalités trouve sa source auprès des dirigeants sans bilan honorable et ceux qui tiennent le pouvoir en utilisant des manœuvres dilatoires pour faire diversion et gagner du temps. Sinon la politique n'est la propriété exclusive de personne. Cela veut dire que chacun peut descendre dans l'arène pour convaincre l'électorat de le choisir à travers la pertinence de son projet de société. C'est la seule manière légale et légitime de conquérir et exercer le pouvoir au nom des populations.

Alors il peut être raisonnable de remettre en cause la qualité d'une classe politique, mais c'est totalement absurde de questionner la nécessité d'un processus électoral régulier, inclusif et crédible dans un pays qui se veut démocratique.

L’exercice des libertés fondamentales dans le contexte de la politique politicienne

Si l’on est incapable de défendre un droit acquis et l’exercice d’une liberté fondamentale, on doit au moins se gêner d’intoxiquer la population à travers des raisonnements maladroits ou alimentaires.

Dès qu’on parle de manifestation publique à caractère politique ou social pour exprimer un désaccord sur un sujet d’intérêt national, les autorités se donnent la légèreté de vilipender les acteurs sociaux et politiques comme si ceux-ci sont des rebelles armés. En l’absence de contrepouvoirs institutionnels et de fait, comment la démocratie peut-elle mieux se porter ?

Dès lors que la mobilisation citoyenne est codifiée dans des textes de loi et reconnue comme moyen d’expression dans le modèle démocratique que notre pays a décidé d’expérimenter depuis l’avènement du multipartisme politique et du pluralisme syndical, le minimum de bonne foi et de responsabilité recommande d’exiger de l’État de jouer son rôle de garant, protecteur et promoteur de l’exercice des libertés individuelles et collectives. Tout au contraire, il est condamnable de vouloir criminaliser ce droit en prédisposant les esprits à la mort et à la destruction. C’est cela une position responsable et républicaine que citoyens et décideurs publics doivent adopter dans l’intérêt de tous. Une telle attitude évite de réfléchir et raisonner de façon criminelle en disant que “les manifestants sont allés à la boucherie... » D’ailleurs cette affirmation récurrente est à elle seule un aveu flagrant des crimes d’État dont les dirigeants pourraient être passibles de poursuites judiciaires.

Faire semblant de ne pas connaître l’origine potentielle de la violence et des assassinats relève de l’hypocrisie. En plus, le comble de la manipulation est de faire croire à un citoyen que sa participation à une manifestation légale est un service rendu aux hommes politiques et leurs familles. Plutôt, participer à une manifestation est l'expression même de la vitalité de la démocratie, et un test continue dans l'exercice des droits collectifs. En plus, l'injustice, la pauvreté, l'insécurité, l'insalubrité et la corruption sont à elles seules des raisons suffisantes pour que chaque citoyen conscient et ambitieux réagisse sans attendre un quelconque mot d'ordre venant de qui que ce soit. Ce n'est quand même pas en restant inactifs et indifférents qu'ils vont échapper au mal commun et garantir leur avenir.

Malheureusement certains parasites de la démocratie voudraient toujours encourager les citoyens à se laisser injustement dominer et écraser en leur demandant même d'applaudir leurs bourreaux. Généralement ce sont les mêmes qui racontent des inepties en se faisant passer pour des neutres et équilibristes comme cela a toujours été le cas lors des luttes politiques et sociales les plus opportunes de l'Histoire de notre pays. C'est une forme de lâcheté qui est devenue mode de vie et de résignation.

Lorsqu'on entend des hauts responsables de l'État justifier ou défendre la répression criminelle d'innocents citoyens par l'argumentation de leur appartenance politique, on mesure davantage le degré de cynisme et d'irresponsabilité de ceux qui gouvernent la Guinée. Même sur un champ de guerre, le fait de tirer sur des ennemis désarmés et inoffensifs, qui ne représentent donc aucun danger, est un acte constitutif de crime de guerre. Cela veut simplement dire que même la guerre obéit à des lois et ceux qui les enfreignent peuvent s'exposer à des poursuites judiciaires. En réalité, chacun est tenu d'agir conformément à des codes législatifs et éthiques en toutes circonstances.

Dans notre pays, en lieu et place d'une justice indépendante qui doit établir les faits, on entend plutôt un Président et ses ministres, avec désinvolture et mépris, porter des étiquettes politiques aux victimes et défenseurs des droits de l'Homme. Et tout cela dans un vain espoir de nier, de banaliser et de décrédibiliser les crimes commis et les rapports établis. Ce vocabulaire du crime, d'étiquetage et du déni est souvent largement partagé par les administrateurs publics et les soutiens du parti au pouvoir. Cela, à travers des réseaux de relais de la propagande entretenus et nourris par des ministres et des hauts responsables des régies financières de l'État.

Logiquement, le fait pour un État de refuser de mener des enquêtes et des poursuites judiciaires pour établir la vérité et exprimer de la compassion à l'endroit des victimes, peut amener à déduire sa responsabilité sur les crimes et délits en question. Et cela est une logique universelle, car seul le pouvoir public dispose des prérogatives judiciaires, législatives et exécutives de rendre justice.

Alors lorsqu'on prétend parler et agir au nom de l'État, on s'exprime en termes de citoyens et de lois, et non dans un langage de bas niveau qui consiste à nier les faits par des arguments indignes d'un acteur de la fonction étatique. C'est le minimum en matière de comportement et d'attitude de la part d'un dépositaire de l'autorité publique.

Le multipartisme intégral à l'épreuve des critiques et remises en cause

À l'aube du second régime, au courant de la transition militaire entre 1984 et 1993, suite à la recomposition de la Géopolitique internationale, des voix se sont exprimées pour plus d'ouverture politique en vue d'une large participation citoyenne à la gestion du pouvoir. Plusieurs réflexions ont convergé vers le multipartisme intégral. Cela a permis la création de beaucoup de partis politiques dont certains ont participé au premier scrutin ouvert de l'Histoire de la Guinée en 1993, suivi des élections législatives deux ans plus tard. Ainsi les premiers pas dans le sens de la démocratie ont amené à faire adopter des lois et des pratiques dans le cadre de la contradiction des idées et des programmes politiques.

Au fur et à mesure, les failles ont commencé à apparaître dans l'encadrement du modèle et l'application des dispositions légales qui en résultent. Cela a ainsi conduit à l'émergence de forces négatives dans la sphère centrale de décisions, c'est-à-dire au cœur du dispositif du pouvoir. Une donne qui ne pouvait rester sans conséquence en termes de répercussions sur les appareils politiques, donc sur l'ensemble de la société. Alors le modèle lui-même a plus souffert du manque de rigueur dans sa mise en œuvre, que dans ses limites supposées. Pour le décrédibiliser un peu plus, certains nostalgiques de la dictature ne manquent jamais l'occasion de rattacher tous les maux de la société guinéenne au multipartisme politique ; ce qui est loin d'être vrai. C'est d'ailleurs pourquoi, toute manœuvre qui consiste à faire croire que c'est le nombre de partis politiques qui constitue le facteur encourageant de l'ethnocentrisme et qui soutient qu'il est un frein à la démocratie et au développement, relève d'une mauvaise foi qui cache un projet de manipulation.

L'Histoire nous a démontré que si la restriction du nombre de partis politiques pouvait développer la Guinée et unir ses citoyens, le PDG-RDA, parti unique, l'aurait fait pendant 26 ans de règne absolu. Alors ce n'est nullement le multipartisme intégral en tant que système politique qui pose problème. C'est plutôt la mauvaise application des règles de la compétition. Et cette responsabilité est dévolue avant tout à l'État qui, au lieu de jouer son rôle, prend des positions partisanes dans le jeu politique selon les intérêts particuliers des dirigeants, donc au détriment de la démocratie.

Pire, il existe une certaine opinion qui a tendance à faire croire que le bipartisme, qui est le modèle alternatif, s'impose par des lois et des restrictions. Et pourtant ce système, partout où il s'est imposé, a toujours été le résultat de plusieurs décennies d'expérience démocratique et de compétitions électorales. En fait, le processus de clarification de la sphère politique basé sur la maturité des électeurs favorise l'émergence de deux tendances ou de deux partis ultra dominants. Tout de même, cela ne signifie nullement l'inexistence d'autres partis et mouvements politiques parfois marginaux. Généralement ils reflètent des courants idéologiques et animent la vie politique locale en faisant des choix de ralliement lors des élections selon les programmes, les intérêts et les circonstances.

Quoi qu'il en soit, c'est universellement connu que la démocratie ne se décrète pas, mais se construit à coup de combat, de sacrifices et de vigilance citoyenne. Cette émergence se fait plutôt à travers des pratiques incitatives et des approches concertées ; d'où l'intérêt du débat constructif dans le cadre des compétitions politiques.

Alors ceux qui mijotent tout le temps un projet de stigmatisation des partis politiques et une remise en cause du multipartisme intégral, posent souvent le problème par le mauvais bout pour des objectifs inavoués. Toujours est-il que la seule manière crédible de tester le choix des citoyens est de leur donner l'opportunité de s'exprimer à travers des élections libres et transparentes. C'est la méthode la plus appropriée au lieu de leur prêter une opinion à travers une manipulation déguisée sous forme de rapports de consultation citoyenne comme cela a été souvent le cas de notre pays.

Le mythe et le pouvoir : la force de façade

À voir comment chutent les régimes qui nous gouvernent et les révélations sur les détails concernant leur mode de fonctionnement, on se poserait la question sur la solidité du socle qui tient les dirigeants autoritaires. Parlant de la dictature, il y a un adage qui dit que tout semble toujours bien se passer jusqu'à la dernière minute ; c'est à dire jusqu'au jour où ça s'arrête. Donc le problème n'est pas de se demander si cela va s'arrêter un jour, mais plutôt quand et comment ça va se terminer. Et puisque l'autoritarisme est un système de gouvernance qui est plus guidé par les agendas personnels que par les lois et institutions légitimes, la finalité ne peut être que trahison et règlement de comptes entre ses tenanciers.

En fait, les régimes non démocratiques donnent l'impression d'être forts, mais en réalité ils sont fragiles, car ne reposant que sur la manipulation, la corruption et la violence. Par la stratégie du mythe, des personnes peu recommandables sur le plan intellectuel et moral prennent le pouvoir par la force ou la ruse. Pour le garder, elles mettent en place un système de domination psychologique des populations

À travers des stratégies qui doivent tourner autour de l'image du Président ; essentiellement elles se présentent de trois manières :

- La propagande de la peur en exposant son dispositif de sécurité pour faire croire qu'il est intouchable, donc invincible ;
- Les nominations et prises de fonction médiatisées pour montrer la soumission des cadres à sa "générosité légendaire" ;
- Les apparitions publiques d'ensemble pour donner l'impression d'une union sacrée du "clan" autour de ses prétendus idéaux en qualité de "chef tout puissant-sauveur du peuple".

En tout état de cause, la seule véritable garantie de stabilité d'un système de gouvernance en général et d'un pouvoir politique en particulier, quelle que soit la force supposée ou réelle de ses détenteurs, réside dans la puissance des lois et institutions, la transparence des actes, l'humilité des comportements, l'efficacité et l'inclusivité du travail. Tout le reste n'est juste que du spectacle éphémère qui livre ses secrets dévalorisants dès après la chute du régime.

Le symbole de l'autoritarisme du système présidentialiste : le pouvoir discrétionnaire

Au nom d'un pouvoir discrétionnaire de nomination communément appelé décret, certains dirigeants africains abusent de leurs administrés à travers des choix contestables et injustifiés. Cela est absolument préjudiciable à l'efficacité de leur gestion d'autant plus qu'une forte concentration des pouvoirs dans les mains d'une seule personne, est toujours un danger pour l'ensemble de la société.

En effet, les modèles de démocratie qui prévalent en théorie dans nos États sont loin de correspondre à la réalité pratique. Un président, qu'il soit bien élu, mal élu ou non élu (putschiste) peut disposer du droit d'usage incontrôlé du décret de nomination à tous les postes civils et militaires ; cela de la base au sommet. Quel que soit le bénéficiaire de telles prérogatives, en l'absence des contre-pouvoirs efficaces, il aura toujours la tentation d'en abuser. C'est pourquoi, dans ce genre de système, l'engouement pour la conquête et l'exercice du pouvoir vient plus des avantages et privilèges qu'il confère que des responsabilités et obligations qu'il impose.

Alors pour que les dirigeants de nos États soient au service de l'intérêt général, il faut nécessairement créer des mécanismes d'encadrement très contraignants pour les fonctions auxquelles ils aspirent. Autrement, n'importe qui fera n'importe quoi au nom d'un pouvoir discrétionnaire souvent aveugle qui fait des citoyens des sujets du chef, les lois ses instruments et les institutions son décor.

Comment pourrait s'expliquer l'ethno-stratégie en Guinée ?

À défaut d'un État vertueux qui prend soin de ses citoyens, la famille et l'ethnie deviennent leur refuge naturel. Malheureusement cela est à l'avantage des vendeurs d'illusions qui manipulent les esprits faibles pour profiter seuls des richesses appartenant à tous.

Les facteurs structurels qui favorisent l'ethnocentrisme en Guinée sont essentiellement l'ignorance et le dysfonctionnement de l'État ; le premier étant bien entendu une conséquence directe du second. En fait, le sabotage délibéré du système éducatif et la mauvaise qualité des dirigeants, ont exposé les populations à un manque systématique d'encadrement et d'orientation.

En l'absence d'un service public adéquat et impartial, chaque citoyen se sent obligé de trouver un moyen alternatif pour satisfaire ses besoins quotidiens et futurs. Cela s'illustre mieux par le fait que lorsqu'un patient se rend à l'hôpital, il pense qu'il faut nécessairement s'adresser à son "parent" pour être bien pris en charge. Il a la même prédisposition d'esprit lorsqu'il se rend dans un commissariat de police, un tribunal ou n'importe quel autre service public. Alors il se dit toujours qu'il est mieux de se battre pour positionner son "parent" là où se trouvent ses intérêts.

Cela est encore plus visible sur le plan politique où le manque de maturité crée souvent un désintérêt des populations pour les projets de société des candidats. Alors la plupart de ceux-ci profitent de cette faiblesse pour mettre en avant la stratégie ethnique ou l'ethno-stratégie qui consiste à subjectivement stigmatiser et diaboliser l'adversaire pour susciter la peur auprès des électeurs. En procédant ainsi, ils se servent des failles de l'État pour créer un besoin de protection qui leur donne un statut de sauveur et protecteur des communautés ethniques. C'est une approche cynique qui crée des clivages et encourage le repli identitaire au détriment de l'ouverture, la cohésion et la paix sociale. Cette stratégie permet surtout aux acteurs politiques véreux de se tailler une zone d'influence hégémonique avec un "bétail électoral" qui sert aussi de bouclier de protection selon les besoins et les circonstances.

Indéniablement les enjeux relatifs à l'ethnocentrisme sont plus les questions de pouvoir, de justice et de sécurité. Cela est d'autant plus vérifiable que les rares consensus nationaux et convergences de vue sur le mérite, le talent et la rigueur viennent des domaines du sport et de la culture.

La culture de la violence politique

Lorsqu'on observe en surface les drames politiques que vit régulièrement la Guinée, il est parfois raisonnable de croire qu'ils sont toujours nouveaux. Par contre, en creusant en profondeur, on découvre que les causes sont à la fois historiques et structurelles. En réalité, les Guinéens subissent les conséquences de l'absence d'un État véritablement vertueux.

La violence en général, et celle en période électorale en particulier, a caractérisé une grande partie de l'histoire politique de notre pays ; de l'indépendance à nos jours. D'ailleurs, contrairement à beaucoup de croyances, celle-ci n'a pas été obtenue que grâce à la lutte politique et syndicale. Les associations ethnico régionales ont servi non seulement de base de création des partis politiques, mais aussi de points de propulsion pour la plupart des leaders d'alors. Elles étaient également les canaux de mobilisation des citoyens pour la cause indépendantiste et par la suite, la consolidation du pouvoir hégémonique du PDG-RDA.

Que ce qui aurait dû être fait dès après l'indépendance ?

Puisqu'une union de circonstance avait réussi à nous conduire à la souveraineté nationale, il fallait s'atteler à bâtir des institutions solides et des contre-pouvoirs réels qui allaient transcender les intérêts des dirigeants et des communautés ethniques. Mais au lieu de cela, un parti État a été imposé par la violence et la manipulation pour conduire le pays aux résultats que nous connaissons. Par la suite, des vendeurs d'illusions ont continué de faire croire qu'il suffisait de mettre du vernis sur un bâtiment dont le soubassement est défectueux pour en faire une œuvre pérenne. C'est à l'image d'un médecin qui décide de soigner une maladie de type organique par des séances de massage.

On peut dire que les graves crises multidimensionnelles que traverse notre pays s'expliquent par ce départ raté qui a généré un mauvais système qui a survécu, à travers plusieurs formes de mutation, au gré des régimes. Ce qui signifie qu'aucune rupture radicale et positive n'est intervenue pour le changer. Pour preuve, chaque régime est le résultat de l'échec du précédent. Une sorte de mauvaise continuité dans le sens où le pouvoir politique se retrouve toujours dans les mains des personnes les moins habilitées à l'exercer ; cela quel que soit leur corps d'origine.

C'est à comprendre que si nous en sommes encore à la répétition des erreurs, c'est parce que nous avons manqué de dirigeants visionnaires et patriotes qui prennent l'initiative de faire un véritable état des lieux et projeter le pays sur des bases d'une véritable refondation.

Dans ces conditions, que faut-il faire pour y remédier ? Essentiellement, il y a deux pistes majeures qui me semblent pertinentes à explorer :

Encourager l'engagement politique et social des citoyens éclairés dans le sens de l'intelligence, la compétence, le modernisme, et vertueux dans le sens de la dignité, le patriotisme, la rigueur, la sagesse, etc. Cela pourra aider à réorienter la direction du pays en faisant émerger un leadership qualitatif au sens large de l'expression.

Initier et promouvoir des programmes de recherche en histoire politique et en sociologie des communautés pour élaborer de nouveaux manuels scolaires et de sensibilisation au service de l'enseignement académique et de l'éducation sociale. L'ignorance étant un terreau très fertile à la manipulation, cela garantira l'objectivité des choix électoraux, le renouvellement du personnel politique et dirigeant, la participation citoyenne au développement économique et social ; par voie de conséquence, le vivre ensemble ne pourra qu'en être renforcé.

C'est en cela que nous pouvons qualifier la gouvernance, réinventer les leviers de gestion du pouvoir politique, améliorer les possibilités de contrôle citoyen, donc de l'existence des contre-pouvoirs institutionnels et informels. Ce qui permettra à chaque citoyen d'occuper la place qu'il mérite dans la société en jouant pleinement et efficacement son rôle dans le sens du développement et la cohésion nationale.

La violence d'État : une triste répétition de l'histoire

De multiples témoignages de l'histoire politique de notre pays nous apprennent l'existence de tragédies si douloureuses que les récits sont parfois difficiles à croire. Les récents événements que nous avons vécus et qui font de nous des acteurs et témoins, nous obligent à admettre la réalité de ces tristes faits historiques. Et il s'avère évident que la Guinée reste fondamentalement inchangée, surtout lorsqu'il s'agit du comportement de ses dirigeants vis-à-vis des citoyens.

Malgré le temps et l'illusion de changement, le système de gouvernance est resté constant dans son fonctionnement en matière de gestion politique et administrative dont les principales caractéristiques sont la cruauté, le mensonge, la manipulation, la médiocrité, la haine, l'arrogance, etc. Malgré le changement de casting à la tête de l'État, les éléments néfastes de notre société arrivent toujours à se maintenir et ainsi perpétuer les crimes contre les populations. C'est pourquoi, ce qui se fait appeler "État" est pour la plupart du temps une machine à broyer des citoyens et produire des contre-performances en matière de développement.

Bien que certains aient tenté de faire mentir notre Histoire, les faits restent têtus et se répètent régulièrement à travers des situations politiques qui font des victimes innocentes. C'est ce qui explique que notre pays s'éloigne toujours du chemin de la démocratie, des droits de l'Homme et du développement.

Ceci étant, en se fondant sur les cas les plus récents, nous pourrons dire sans risque d'être démenti que par le fait de la dictature du régime d'Alpha Condé, des citoyens innocents ont été kidnappés, détenus et torturés dans des camps militaires et dans des endroits secrets. Des femmes et des enfants ont été tués dans leurs domiciles, des notables frappés et humiliés dans des lieux de culte. Des hommes politiques et des religieux ont été contraints de tenir des ardoises marquées "complot" pour être photographiés avant d'être jetés dans les geôles du régime. Des opérateurs économiques ont été illégalement expropriés de leurs biens en faisant souvent l'objet de discours stigmatisants et haineux. Des maisons de pauvres citoyens ont été démolies en dehors de toute procédure judiciaire. Des corps de victimes ont été confisqués dans les morgues et des blessés par balles refusés d'accès aux hôpitaux publics par des injonctions politiques.

En somme, chaque président guinéen est une conséquence de l'échec de son prédécesseur. Cela rend l'avenir du pays incertain au point que ses braves citoyens réduisent leurs priorités aux questions de survie quotidienne. Ce qui est plus inquiétant est le fait que ces pratiques qui ont été répétées pendant plus de six décennies sont si ancrées qu'elles sont devenues des normes de gestion de l'État. Elles sont vues avec indifférence pour la plupart des cas et ne choquent qu'une infime partie de la population.

Cet état de fait constitue une opportunité donnée aux moins méritants de toujours nourrir des ambitions et des tentations censées être les plus nobles dans une société normale ; à savoir l'exercice du pouvoir politique pour servir de façon loyale et efficace la société.

Un dictateur est comme un mauvais cuisinier

Étouffer un peuple, c'est comme garder du lait dans une marmite fermée sur un feu activement attisé. Au fur et à mesure que la température intérieure monte, le risque de débordement devient perceptible.

Le cuisinier intelligent et prudent, autrement dit un dirigeant averti, prend en compte ces signaux d'alerte pour réduire l'intensité du feu et ainsi éviter le débordement à venir. Il ouvre ne serait-ce que partiellement la marmite pour favoriser l'évaporation. C'est ainsi qu'il peut espérer une bonne cuisson, c'est-à-dire un résultat satisfaisant et à moindre risque.

Par contre, le dirigeant sourd, aveugle et arrogant, ne comprendra le danger de sa mauvaise manœuvre que lorsqu'il sera frappé par le pire. En fait, il est naturel qu'à la température maximale, soit le couvercle saute ou que la marmite explose carrément et atteigne le dirigeant et ses plus proches collaborateurs. Dira-t-on qu'ils sont victimes de malveillance et d'esprit de suffisance ?

Les dirigeants qui étouffent leurs administrés par la répression et la confiscation des libertés en leur maintenant dans la pauvreté, sont comme le mauvais cuisinier (le chef) et ses proches (les troubadours) qui ont la responsabilité collective de la gestion de la marmite (le pouvoir) sur un feu attisé par des jusqu'au-boutistes.

Ceux qui règnent par l'arbitraire, l'injustice, la manipulation et la violence ont la plupart du temps été désagréablement surpris par leur chute. Celle-ci est souvent brutale et provoquée par des mouvements populaires spontanés et incontrôlables. C'est dans l'ordre naturel des choses, car la marche de l'Histoire est ainsi faite.

Alors l'alternance étant l'oxygène de la démocratie, la jouissance de ses principes et valeurs permet aux citoyens de se créer un confort quoique mental, qui les retient de se rebeller contre leurs dirigeants. À défaut, la faim, la frustration et le désespoir finiront par avoir raison de leur peur et hésitation.

La Guinée serait-elle le "butin" d'un clan ?

Les abus réguliers des différents régimes vis-à-vis des citoyens sont si flagrants qu'ils deviennent écœurants. Les propos, actes et attitudes des détenteurs du pouvoir, donnent l'impression que la Guinée est un butin politico économique qui se partage entre ses éventuels conquérants. Comment comprendre que dans une crise multidimensionnelle aiguë, les budgets de la Présidence et de l'Assemblée nationale, des institutions souvent inefficaces, augmentent tandis qu'au même moment, on baisse les salaires des travailleurs qui subissent toutes les augmentations abusives des taxes et impôts sur les denrées de grande consommation ? Sommes-nous égaux vis-à-vis du patrimoine national ?

Toujours est-il que les décrets de nomination, la conduite de l'administration publique, l'allocation des ressources budgétaires, les marchés publics ont toujours obéi à des objectifs de confiscation du pouvoir politique, d'anéantissement des forces de contradiction et d'élément de jouissance pour les gouvernants.

Ceci amène à croire que la verticalité de l'exercice du pouvoir, qui signifie l'existence d'une hiérarchie de commandement identifiable, laisse la place à une gestion horizontale qui suppose plusieurs centres d'intérêt où chaque membre influent agit selon un agenda souvent articulé comme un triangle : profiter du présent, couvrir ses arrières et se préparer pour toutes éventualités dans le futur.

Dans le schéma actuel de gestion du pouvoir public de notre pays, il suffit d'appartenir au clan qui gouverne pour profiter du lien de parenté ou d'amitié d'un juge en sa faveur, de réquisitionner des forces de l'ordre, de faire appel à une entreprise publique ou un fonctionnaire de l'administration pour dérouler son programme ou régler des comptes personnels. C'est une sorte de désordre organisé pour servir des intérêts particuliers et malsains. En se référant sur les réalités de ce que vivent nos concitoyens, même des envahisseurs n'auraient pas été aussi cruels vis-à-vis d'un peuple aussi misérable et inoffensif. Lorsqu'on sait que même le minimum lui est refusé bien qu'il soit le propriétaire légitime du pouvoir et des ressources publics dont il est injustement privé. Finalement c'est à se dire qu'il ne lui est réservé que mépris, arrogance et répression de la part de ceux qui prétendent parler et agir en son nom.

Et pourtant, c'est l'argent du contribuable qui enrichit l'État dont le rôle est d'en faire usage au service exclusif des citoyens. Par exemple, chaque fois qu'un consommateur achète un bien ou un service sur le marché national, il paye directement ou indirectement diverses taxes à l'État. Si on prend celle qui est plus connue et pratique qui est la Taxe sur la Valeur ajoutée (TVA), selon la législation fiscale en vigueur, elle s'élève à 18 % pour la plupart des produits de consommation. Ce qui veut dire que sur 100 000 FG dépensés par un consommateur, l'entreprise qui commercialise le produit collecte et reverse au trésor public 18 000 FG. Cette contribution individuelle à la création de la richesse nationale, est incontournable et s'appelle le produit intérieur brut par habitant (PIB/ht).

Alors selon les activités économiques, lorsqu'on fait le calcul de ce que chaque contribuable rapporte à l'État et la contrepartie que celui-ci rend en termes de service public (sécurité, routes, hygiène, santé, éducation...), il est facile de comprendre que par la manière dont les choses se sont toujours passées, il y a une arnaque régulière dont les citoyens sont victimes.

C'est d'ailleurs pourquoi, au nom du principe de la redevabilité des dirigeants vis-à-vis du contribuable, nul ne doit être contraint au silence ou à l'indifférence sur la gestion publique. C'est pourquoi chacun doit pleinement exercer son droit de regard pour faire en sorte que les efforts individuels et collectifs des citoyens leur soient rendus de façon proportionnelle. Cela, à travers une politique publique de redistribution équitable pour améliorer leur qualité de vie.

En attendant, ce sont toujours des petits malins qui en tirent profit au nom des postes acquis souvent par affinité ou de façon frauduleuse. Ceux qui font plus d'efforts pour enrichir davantage les plus riches, se contentent de se rincer les yeux et applaudir leurs voleurs dans les quartiers, sur les réseaux sociaux ou les administrations. Le comble est le fait que certains parmi les prédateurs ne se limitent pas à leurs pratiques malsaines ; ils veulent s'imposer comme des exemples de réussite au sein de la société.

Panafricanisme populiste et manipulation de la jeunesse : les actions valent mieux que les slogans

La jeunesse africaine se trouve exposée à un nouveau phénomène qui risque de lui faire perdre le chemin qu'il devrait emprunter ; c'est-à-dire celui de la critique constructive et de la responsabilité d'action positive. Il s'agit de ce nouveau type de panafricanisme populiste porté par des prétendus activistes aux profils douteux, qui clament la "libération" du continent. Au regard de nombreuses incohérences dans leurs discours et actes, tout porte à croire qu'en réalité c'est une forme d'anarchie déguisée dont la vision se réduit en des slogans de promotion de la haine de l'occident et de « l'irresponsabilisation » des élites africaines dirigeantes.

Leur stratégie consiste à profiter de la précarité, du manque de perspectives et d'éducation d'une proportion significative de la jeunesse pour lui faire croire que les sources de toutes les entraves à son épanouissement et son bien-être se trouvent ailleurs. Leur fonds de commerce c'est la stigmatisation infondée pour amener les Africains à effectuer des choix de collaboration entre X ou Y comme si les problèmes du continent se règlent par un changement de "Maître".

Il est indéniable que la colonisation et la néo colonisation ont eu de mauvaises conséquences sur les peuples Africains, et il en reste encore des séquelles perceptibles. Mais depuis les années 60, qu'avons-nous fait pour changer véritablement les choses ? Sommes-nous la seule région du monde qui ait connu la domination étrangère ? Jusqu'à quand la victimisation et la stratégie du bouc émissaire vont continuer à servir d'alibi pour couvrir nos propres échecs ?

L'Afrique n'est certes pas libre, car appauvrie et désunie. Mais les véritables prédateurs dont elle doit se libérer, ce sont ses propres dirigeants véreux qui lui font plus du mal que n'importe qui d'autre. C'est ce type de combat qui doit être l'épicentre de nos efforts de mobilisation et d'action, au lieu de voir le mal chez les autres qui ne font que tirer profit des opportunités que nos faiblesses internes leur offrent.

Toutes les dictatures qui sévissent dans nos pays et qui génèrent d'énormes conséquences en termes de drames humains, de dilapidation de ressources et de désespoir des populations, ont été créées et entretenues par des élites politiques et intellectuelles locales, des mouvements propagandistes de soutien portés par des organisations de jeunesse, des médias corrompus et des lobbies criminels.

Alors pourquoi y détourner notre attention avec des slogans de diversion et une stratégie de bouc émissaire ? Comment être crédible lorsqu'on refuse de prendre position contre ces fléaux politiques et leurs conséquences sur l'avenir de la jeunesse ? Faire sa promotion personnelle à travers les réseaux sociaux dont les applications ne sont pas des créations africaines, ensuite faire croire que les entreprises des pays fabricants sont des ennemis à combattre. Où est la cohérence ?

Critiquer les pratiques économiques et la dépendance politique sans être capables de proposer des alternatives crédibles et réalistes. Où est le sérieux ? Fermer les yeux sur les nombreux cas d'abus de pouvoir, de violation des droits de l'homme, de xénophobie, d'entrave à la liberté de circulation des personnes sur le continent africain, pour se limiter à dénoncer la politique d'immigration des pays occidentaux. Où est la pertinence ?

D'ailleurs il semble irrespectueux à l'endroit de certains pays africains de faire un amalgame de jugement négatif sur l'ensemble du continent. Il est nécessaire de préciser qu'il y a une Afrique composée de pays progressistes dont les indices de développement nous imposent la fierté et l'espoir. Par contre, il y a d'autres pays qu'on pourrait qualifier de réfractaires au développement parce qu'ils n'arrivent toujours pas à faire bouger les lignes dans la bonne direction. Donc il faut mettre le curseur là il doit être au lieu de positionner des radars d'argile sur des cibles mal placées et impossibles à abattre.

Nos devanciers qui ont conduit nos pays à l'indépendance ont mené avec conviction le combat de leur époque. Évidemment ils en ont tout le mérite et il important qu'hommage leur soit rendu en toutes circonstances. Maintenant il appartient à notre génération de faire sa part du travail sans vouloir pervertir l'idéal panafricain avec des arguments qui ne correspondent ni à notre époque ni aux enjeux réels. Et pour y arriver, nous avons des atouts inestimables.

Cela commence par l'interconnexion du monde où les frontières pour les talents et les opportunités n'existent quasiment plus. Ce qui veut dire qu'il faut travailler à l'attractivité de nos États pour en tirer des avantages significatifs. Également, de tous les besoins actuels et futurs du monde, l'Afrique dispose des ressources et du potentiel pour les satisfaire. Alors il faut être capable de les identifier et se mettre au travail en qualifiant nos systèmes éducatifs et de santé, nos infrastructures, notre modèle d'intégration politique et économique, etc. Cela nous permettra d'améliorer la compétitivité de nos économies dans les échanges internationaux.

C'est à ce niveau que nous devons être plus impliqués, attentifs et exigeants sur les questions de démocratie et de bonne gouvernance. En fait, il ne suffit pas de limiter nos efforts à la création de la richesse. Il faut impérativement veiller à sa bonne redistribution en termes de service et d'investissement publics. C'est de là que la qualité de vie des citoyens sera impactée ; ce qui en soi représente l'objectif fondamental de toutes les initiatives de développement.

Jeunesse en politique : est-ce une alternative rassurante ?

L'engagement politique de la jeunesse guinéenne est loin d'être un fait nouveau du moment que la plupart des précurseurs de la dynamique de l'indépendance étaient jeunes. Que cela soit Yacine Diallo, Ahmed Sékou Touré, Diawadou Barry ou leurs compagnons, la configuration du leadership d'alors démontre suffisamment que la jeunesse a toujours été à l'avant-garde des luttes importantes de l'Histoire de notre pays.

À l'avènement au pouvoir du CMRN pour la première transition militaire, les mutations ont amené une reconfiguration du paysage politique de sorte que beaucoup de Guinéens issus de la diaspora, dont certains exilés, sont rentrés pour créer les premiers partis politiques et organisations de la société civile ; ils étaient pour la plupart jeunes et adultes avec assez d'expérience.

Au regard de la complexité socio-politique, des immenses défis à relever et du déficit chronique de qualité de nos dirigeants, il est opportun de se demander s'il peut exister des options envisageables qui répondraient à cette complexité. L'expérience nous a constamment prouvé qu'en politique, le fait d'être simplement jeune n'est pas en soi une garantie d'efficacité et de probité. Donc l'expression "alternative" ne se rapporte pas ici à l'âge.

Nos aînés politiques d'aujourd'hui qui sont souvent décriés à tort ou à raison ont géré les affaires publiques depuis leur jeunesse pour la plupart d'entre eux. Si l'on juge une action par son résultat final, il serait très difficile de leur accorder une note totalement positive dans la mesure où notre pays reste l'un des plus pauvres du continent après plus de 60 ans d'existence en tant que République.

Ceci étant, qu'a fait cette jeunesse qui critique constamment cet état de fait pour ne pas être jugé à son tour et de la même manière dans 20 ans ? Certes, la plupart des dérives des différents régimes qui se sont succédé ont été orchestrées par les acteurs de ce qu'on appelle maintenant "la vieille classe". Mais n'est-ce pas des jeunes qui en assurent l'exécution, la défense et la promotion, y compris les assassinats de leurs innocents compatriotes et la haine interethnique ? Que ce que la nouvelle génération politique revendique comme parcours académique et professionnel pour se garantir une indépendance totale dans son engagement ? Quel mérite y'a-t-il à utiliser des combines pour intégrer la fonction publique, être acteur et bénéficiaire d'une fraude électorale ou devenir propagandiste d'une gouvernance dictatoriale ?

Que faut-il penser d'un jeune spécialiste en siphonnement de fonds publics, de corruption et de manipulation, qui protège ses intérêts égoïstes en faisant croire que l'avenir de la jeunesse peut être radieux sous un régime qui protège ses intérêts ? Quel crédit accordé à un jeune chômeur qui justifie une répression sanguinaire dans son pays, mais qui est prêt à saisir la première occasion pour aller vivre dans un pays de liberté et de démocratie ?

Alors face à nos multiples échecs en matière de leadership, aussi longtemps que ceux qui ont des compétences et qui sont porteurs de valeurs (honneur, dignité, patriotisme...) ne comprendront pas que la politique est incontournable pour soigner une société aussi malade que la nôtre, d'où l'urgence de s'engager, l'espace public continuera d'être occupé et pollué par les individus les moins recommandables comme cela a toujours été le cas pour notre pays. Face à un vide qualitatif, le peuple désespéré n'a pas d'autres choix que de se contenter de l'existant ou se résigner en attendant un salut divin hypothétique.

La question d'épanouissement politique est avant tout un état d'esprit qui se construit dès le début. Cela commence par l'environnement social et scolaire. Dans une société où l'échec est la règle et la réussite l'exception, il est naturel que les mentalités ne soient prédisposées qu'à voir le monde sous l'angle du miracle ou de l'impossible. Malheureusement c'est encore le cas de notre pays où la plupart des diplômés n'ont pas suffisamment confiance en eux pour entreprendre ; ils préfèrent le raccourci qui consiste à se joindre et s'adapter à ce qui existe déjà (la mentalité du CV pour la recherche de l'emploi).

L'une des illustrations est l'ambition obsessionnelle de la plupart d'entre eux à intégrer la fonction publique qui est un environnement non contraignant, pas compétitif et surtout laxiste. Cela donne toute sa force au pouvoir du décret et aux arrêtés administratifs qui donnent accès aux privilèges et opportunités d'enrichissement illicite.

Pour le comprendre davantage, il suffit de prendre deux étudiants issus de la même université avec les mêmes performances académiques. L'un intègre le secteur privé et l'autre l'administration publique. Au bout de 10 ans, il y a une forte probabilité qu'ils soient incomparables en rendement marginal, en esprit d'équipe, en matière d'innovation, d'organisation professionnelle, de créativité et de probité morale ; la somme de ce que l'école doit donner à un apprenant. Alors sur une échelle de 10, le niveau de contribution individuelle à la création de la richesse nationale (PIB/habitant) pourrait être de l'ordre de 9 pour celui du privé et négatif pour celui du public. Donc le premier devient rentable, tandis que le second un fardeau pour le pays pour ne pas dire un danger pour la société.

En définitif, un modèle d'administration publique non exigeant en termes de plan de carrière, de discipline, d'éthique et de résultats ne peut être qu'un réservoir de gâchis et une machine de destruction de talents.

L'autre piège dans lequel est plongée la jeunesse guinéenne est la haine aveugle vis-à-vis de l'autre. Pour s'en rendre compte, il suffit de lire ou entendre certains propos dans les débats publics en particulier sur les réseaux sociaux devenus une tribune d'expression facile d'accès où chacun se prend pour spécialiste de tout et de rien. Sans chercher à comprendre ce qui est dit ou écrit, certains se limitent juste aux noms de famille pour se fendre des injures d'une violence incompréhensible. Cette situation est inquiétante dans la mesure où elle concerne une proportion non négligeable de la jeunesse qui, au lieu d'avoir comme préoccupations une éducation de qualité et des emplois décents, s'érige en promoteur de haine, défenseur de la bassesse de certains dirigeants et colporteur de mensonges comme si cela pouvait bâtir son avenir.

En réalité, le système politique et de gouvernance qui a toujours prévalu en Guinée est fondé sur la dégradation de l'Éducation et la destruction des valeurs morales. Les dirigeants qui se sont succédé au pouvoir ont rendu chaque génération encore plus vicieuse. C'est pourquoi, dans la plupart des cas, la course aux nominations à des responsabilités publiques obéit plus à l'envie de s'enrichir de façon illicite et ainsi avoir une influence sociale, que de servir la société avec honneur et dignité.

En manque de perspectives, une grande partie de la jeunesse ne sait plus à quel saint se vouer ; ce qui la rend fragile au point de devenir une proie facile pour les prédateurs politiques et financiers. Il est d'ailleurs fréquent de voir même des diplômés se convertir en mendiants, en troubadours auprès de ceux qu'ils appellent "Grand ", "Fori", "Tonton ", etc. C'est ce qu'on appelle vivre de la paresse et du déshonneur en choisissant d'être le "bon petit" d'un soi-disant grand qui, pour la plupart des cas, est réputé véreux.

Le pire est le fait qu'à travers les réseaux sociaux, les injures et captures d'écran à envoyer au "boss", semblent être plus rentables que les diplômes, le travail honnête, et offrent de meilleures garanties de retraite pour ceux qui le font ; un ensemble de mauvais comportements qui sont ainsi amplifiés par le fait que chacun peut maintenant disposer d'un espace public d'expression d'où il peut influencer dans le bon ou mauvais sens tous ceux qui s'intéressent à sa personne.

En dépit de tout cela, il y a encore une proportion significative de notre jeunesse qui donne de l'espoir en ce sens où de bons résultats d'engagement sont visibles dans plusieurs domaines y compris en politique. Toutefois, il faut beaucoup plus pour réussir une reconfiguration qualitative du paysage politique qui permettra une confrontation des valeurs et des idées en lieu et place de critiques stériles. C'est en sens que le modèle de gouvernance le plus approprié à nos réalités pourra émerger en étant porté par la couche majoritaire de la configuration démographique de la Guinée.

La mobilisation citoyenne et la gestion des acquis démocratiques

Tous les citoyens peuvent mener activement un combat républicain, mais seulement quelques-uns peuvent le capitaliser par la gestion des résultats au profit de tous. C'est à ce niveau que la qualité du leadership, est déterminante pour un pays.

Ce qui fait généralement échouer les révoltes populaires est le fait que les bénéficiaires du système de domination savent se mettre à l'abri au moment de la tempête, et tirer les ficelles de la manipulation qui les remettront sur orbite lors du partage du pouvoir. Cela se fait par les multiples réseaux qu'ils entretiennent avec l'argent frauduleusement acquis. Par contre, le refus des citoyens d'appartenir ou de créer des organisations politiques et sociales occupant ainsi l'espace public, les marginalise dans la gestion des résultats de l'effort collectif. Très souvent les honnêtes citoyens adoptent une posture guidée par un sentiment de supériorité vis-à-vis du reste de la population, un mépris pour les autres ou une surestimation de soi. En somme, une naïveté qui porte préjudice à leur avenir et celui de l'ensemble de la société.

Pour illustrer cela, leurs arguments les plus récurrents sont du genre "je ne me mêle pas de la politique" "je ne m'assois pas avec tel" "je ne discute pas avec tel", etc. En se mettant en marge des espaces légitimes où les discussions fructueuses se tiennent, ils se mettent ainsi loin des responsabilités étatiques. Dès lors que la destinée d'un pays est un bien commun, créer un vide ne profite qu'à des personnes moins qualifiées qui en tirent tous les avantages.

Il n'est pas rare de constater dans notre histoire politique, que les dirigeants ayant le plus bénéficié des efforts de mobilisation citoyenne sans même y avoir contribué, renier toutes leurs valeurs caractéristiques de l'idéal de combat qui les a portés à une responsabilité publique. D'ailleurs, certains n'hésitent pas à prendre violemment pour cible ceux qui ont risqué leur vie pour qu'ils soient là où ils sont. Les événements de 2006-2007 et ceux de la lutte contre le troisième mandat entre 2009-2021 en sont des illustrations parfaites.

Cette forme de perversion et d'ingratitude est d'ailleurs une source d'inquiétude et de frustration auprès de beaucoup de Guinéens. De sorte que la confiance vis-à-vis des politiques et activistes sociaux baisse de plus en plus. Bien que cela ne doit nullement être une raison de ne pas agir dans le sens de l'intérêt général, il est qu'à même nécessaire d'occuper soi-même la première ligne ou de vérifier très bien l'ensemble du parcours (social, académique, professionnel, éthique...) des personnes à soutenir et promouvoir aux postes de responsabilité pour la capitalisation des efforts collectifs. Quoi qu'il en soit, il est toujours utile de rappeler cet adage qui dit que si vous ne faites pas de la politique, vous serez toujours sanctionnés en étant gouverné par moins valeureux et plus opportuniste que vous.

Les séquelles de la dictature et les signes de fin de règne

II est avéré que les pays ayant vécus sous la dictature, qu'elle soit civile ou militaire, l'état d'esprit des citoyens devient plus prédisposé à la soumission et l'adaptation qu'à la contestation et la critique. La principale raison qui explique cela est le fait que les régimes autoritaires s'imposent par la violence, la manipulation et la propagande. Ce qui est en soi réduit systématiquement la marge d'évolution de la société d'autant plus que sans la compétition qui est synonyme de contradiction et de concurrence, il ne peut y avoir de progrès.

Rien qu'en observant les comportements des agents des services publics dans notre pays, on se rend compte davantage de cette réalité. En fait, leur soumission à celui qui les a nommés par décret ou arrêté, est plus forte que le respect des lois et principes qui régissent leurs fonctions. Cela veut dire que la loyauté aux dirigeants passe en priorité sur l'obligation des résultats professionnels et du devoir républicain. Pour démontrer cette domination mentale dont le symbole est le culte de personnalité, il faut simplement remarquer que chaque bénéficiaire d'une nomination affiche tout ce qu'il fait au nom et sous la photo omniprésente du Président ; peu importe le degré de légitimité de celui-ci (bien élu, mal élu ou non élu).

Pire, il y a plus de promptitude à sanctionner ou récompenser pour des actes posés en faveur ou contre un individu, que ceux posés dans le sens de l'intérêt général. C'est pourquoi chacun cherche plus de visibilité et de faveurs auprès des chefs que d'en avoir auprès des populations dont il faut normalement servir.

Sur le plan social, cet état d'esprit se manifeste par la peur et la suspicion. Ce qui influence l'éducation sociale des enfants en ce sens que leurs parents, déjà traumatisés par leur vécu, leur imposent une obligation de réserve sur les sujets d'intérêt public telle la politique. Donc n'étant pas préparés très tôt à la contradiction et aux responsabilités publiques, il leur devient difficile dans la vie active d'avoir un esprit critique. Ce qui fera d'eux des citoyens dont le rôle dans la société se limite à s'adapter, accepter et se conformer à tout sous prétexte de vouloir vivre en “paix” et “sans risque”. Évidemment que cela demeure une utopie dès lors que le bonheur et l'épanouissement sont directement rattachés à un environnement favorable à l'expression de la liberté, du mérite et de la sécurité.

L'autre particularité de ce système est le fait que sa stratégie de domination consiste à distraire l'opinion publique sur l'essentiel en lui servant des idéologies populistes, des rêves utopiques et des boucs émissaires. Tout ceci pour fabriquer des petits esprits qui se contentent de commenter des futilités en perdant de vue les choses les plus importantes pour leur avenir. Ainsi les intérêts et comportements criminels des gouvernants resteront toujours garantis.

Bref, la dictature est un vice structurel qui gangrène quasiment toutes les dimensions d'une société. Des programmes scolaires aux pratiques sociales en passant par l'utilisation de la religion, tout se fait pour empêcher la prise de conscience citoyenne des combines de la petite “mafia” qui les prend en otage au nom des lois fabriquées par des individus domestiqués pour servir des intérêts particuliers.

En général, il n’est pas difficile de lire les signes annonciateurs de la fin d’un régime dictatorial, car les ambiances de fin de règne présentent souvent les mêmes caractéristiques. Pour le cas particulier de notre pays, il suffit d’observer certains paramètres de la gouvernance des récentes années et faire un exercice de comparaison avec les derniers moments des régimes précédents. Cela facilite une déduction logique.

Le processus de désintégration du régime du Général Lansana Conté a commencé dès après les scrutins controversés du referendum de 2001, des élections législatives de 2002 et des présidentielles de 2003. Ces différentes consultations anti démocratiques ayant été boycottées par l’opposition d’alors, dont le Rassemblement du Peuple de Guinée (RPG) en première ligne dans le cadre du Front uni pour l’Alternance démocratique (FRAD), ont consacré la dictature totalitaire et absolue du Parti de l’Unité et du Progrès (PUP).

Cette période avait une particularité qui est celle de l’agression rebelle le long des frontières du sud de la Guinée. L’armée nationale ayant pu repousser les attaques et mettre fin aux hostilités, a tiré profit de la situation pour maintenir un train de vie très élevé par la suite. Les efforts budgétaires pendant cette période exceptionnelle se sont transformés en norme de fonctionnement de l’institution militaire. Évidemment que cela ne pouvait être que préjudiciable à l’économie réelle dès lors que ces ressources additionnelles résultantes des coupes opérées sur d’autres rubriques prioritaires du budget national, étaient plus destinées aux avantages particuliers qu’aux investissements.

C'était en quelque sorte le prix à payer pour la stabilité du régime sous couvert des besoins de la défense nationale.

Alors au regard de ces nombreux dérapages et choix irrationnels, la crise multiforme s'est installée dans les méandres de l'appareil du pouvoir. Le régime n'étant donc plus capable de satisfaire la demande publique, ne tenait que par la répression et la manipulation à travers les emprisonnements et tueries des contestataires, la fabrication d'opposants sans représentativité pour les besoins de manipulation politicienne, etc.

L'une des conséquences de cette situation était que les cartels de drogue et les clans autour du pouvoir en ont fait une meilleure opportunité pour prendre en otage l'État et mettre les dignitaires du régime au service de la mafia. La suite est le fait qu'après la mort du président Lansana Conté, ceux qui se croyaient mieux préparés pour la succession n'ont même pas eu le courage de se déclarer. Pour la simple raison de la peur des représailles éventuelles des nouveaux "maitres du pays" qu'ils n'ont même pas vu venir parce qu'ils avaient été rendus aveugles par les privilèges et l'arrogance du pouvoir.

Récemment, grâce au combat citoyen et démocratique contre le troisième mandat, qui a été mené par les organisations de la société civile et les partis politiques sous la bannière du Front national pour la Défense de la Constitution (FNDC), les mêmes signes sont réapparus pour montrer que le régime répressif d'Alpha Condé était à bout de souffle : l'incurie administrative, la corruption institutionnelle, la politisation de la justice, l'impunité et la promotion des criminels, les abus flagrants, le narco-trafic à grande échelle impliquant des hauts cadres de l'État, le bannissement du régime par la communauté internationale, etc.

Les mêmes causes produisant toujours les mêmes effets, il n'était donc pas compliqué d'imaginer comment tout cela pourrait se terminer pour le régime et ses dignitaires. Alors les conditions étaient favorables pour une prise du pouvoir par les armes au lieu que cela soit idéalement par les urnes.

L'aveuglement et la solitude du pouvoir : les mauvais effets de la stratégie du bouc émissaire

Dans un système où l'exercice du pouvoir est solitaire et centralisé, le président aura toujours l'impression que tout fonctionne bien, car les courtisans qui rôdent autour de lui établissent un écran de fumée entre lui et la réalité. Et généralement au moment où il se rend compte qu'il ne maîtrise plus rien, il se trouve qu'il aura perdu la marge de manœuvre nécessaire pour sauver son régime.

L'illustration la plus récente de cet état de fait est le cas l'ex président Alpha Condé qui, malgré l'acuité de la crise multidimensionnelle que traversait notre pays, continuait de croire qu'il n'avait affaire qu'à ses opposants classiques, en l'occurrence son éternel discours sur les anciens Premiers ministres, sans se rendre compte qu'il y avait un peuple qui subissait au quotidien les conséquences des multiples échecs de sa gouvernance.

La misère et le manque de perspectives sont toujours des motivations suffisantes qui poussent une population à se révolter sans attendre une quelconque consigne d'un leader politique ou social. De ce fait, la première menace de son régime se trouvait donc dans son entourage immédiat.

En outre, de par ses discours et attitudes, le président Condé s'était engagé dans une voie sans issue pour lui et le système qu'il a érigé au profit d'un petit clan affairiste qui risquait de l'abandonner à tout moment, surtout lorsque le bateau se mettrait à tanguer. Et plus il montrait personnellement des signes de faiblesse et de nervosité par le manque de sérénité qui se traduisait par des discours incohérents, des décisions improvisées, de l'inconscience sur l'évidence, etc.

C'est pourquoi, il fallait admettre qu'il se mettait de plus en plus en difficulté aux dernières années de son deuxième mandat, car la criminalité d'État à travers les assassinats de citoyens, les cas de tortures révélés, les méthodes de kidnapping des leaders politiques et sociaux par des hommes cagoulés, la justice aux ordres, la communication mensongère ont été des pratiques qui ont fait perdre à son régime la légitimité, la crédibilité et l'autorité nécessaires pour continuer de gouverner et d'être fréquentable pour les dirigeants sérieux du monde.

TROISIÈME PARTIE

Perspectives : La nécessité des réformes et le courage des actions

La question mémorielle : à qui profite notre silence ?

La falsification de l'Histoire n'est possible que par le silence et l'indifférence des témoins crédibles. Dès lors que la lutte contre l'ignorance et la désinformation passe par les témoignages qui retracent la réalité des faits, il est important pour chaque citoyen d'être acteur engagé et non spectateur résigné sur les questions d'ordre public et d'intérêt national.

Lorsqu'il s'agit de parler en particulier de notre histoire politique, il est toujours regrettable de constater que chacun y va de son point de vue fondé souvent sur des informations et sentiments personnels. Évidemment cela ne pouvait en être autrement pour un pays dont les dirigeants, malgré les multiples tragédies politiques, ont toujours refusé la construction d'une MÉMOIRE COLLECTIVE.

Nos manuels scolaires semblent avoir été rédigés d'une manière sélective avec plus de motivations politiques qu'académiques. Ceux qui se sont intéressés profondément à l'histoire politique de la Guinée à travers des recherches par des sources diversifiées et contradictoires, peuvent se rendre compte des omissions et même des mensonges par endroits dans le contenu de certains documents pédagogiques. Cela a-t-il été fait de façon délibérée ? Par qui et pour quelle fin ?

Quoi qu'il en soit, l'une des illustrations de cette réalité est le processus d'indépendance de notre pays. En effet, comment comprendre que nos manuels scolaires ne parlent pas suffisamment des rôles joués par certains pionniers et leaders emblématiques tels que Réotra, Framoï Bérété, Mamba Sano, Amara Soumah, Barry Diawadou, Karim Bangoura, Yacine Diallo, Koumandian Keita, Barry Ibrahima III, Keita Fodeba ? L'histoire de notre indépendance se limite-t-elle à la date du 2 octobre 1958 et au rôle joué uniquement par les membres du PDG-RDA ? Sur quelle base a-t-on attribué officiellement l'étiquette de "traître" ou "apatride" à certains compagnons de l'indépendance, combattants de la liberté et militants pro démocratie ?

Des réponses objectives à ce type de questions pourront nous aider à mieux comprendre pourquoi nous manquons tout le temps l'opportunité de mettre la Guinée sur le bon chemin. Toujours est-il que l'expérience a prouvé que notre pays est tenu par un système qui produit et entretient des dirigeants qui ont les mêmes caractéristiques : médiocres, sanguinaires, manipulateurs, haineux, etc.

Malheureusement ce système continue d'exister grâce à l'ignorance de la véritable histoire de notre pays. La désinformation et l'intoxication étant le carburant qui alimente son fonctionnement, il profite fondamentalement aux mêmes profils de personnes avec quelques intrus qui grignotent en périphérie.

Alors l'ignorance et la peur d'en parler constituent la seule chance de survie du système. C'est pourquoi ses bénéficiaires affichés ou déguisés évoquent tous les arguments infondés pour dissuader un débat objectif sur notre histoire politique. Leur stratégie de manipulation peut même aller jusqu'à utiliser l'aspect ethnique pour noyer la pertinence des arguments avancés (le nom de famille est souvent leur premier élément de repérage). Celui qui décide de casser ces barrières pour évoquer les sujets qui s'y rapportent court tous les risques de se voir stigmatiser avec des étiquettes voire des injures.

Tout porte à croire que les Guinéens qui vont pouvoir changer les choses, seront ceux qui ont le bon sens de comprendre la véritable source du mal en l'occurrence le système, et le courage de le démolir à travers la formation, l'éducation et la sensibilisation des citoyens. Donc pour l'intérêt de la Guinée, il est nécessaire de briser enfin le mythe en étant indifférents aux calomnies et violences des esprits faibles manipulés par les parrains du système. Autrement notre pays continuera de chercher désespérément les bons repères pour sa stabilité politique, sa cohésion sociale et son développement économique.

En illustration, il y a beaucoup de drames dans notre douloureuse histoire politique que certains ont toujours niés en voulant faire croire que c'était du mensonge ou des imaginations. De nos jours, les faits qui dénotent de la répétition de ces tragédies historiques sont indéniables et incontestables : dénonciations mensongères, kidnapping et torture des citoyens dans des endroits secrets ou des camps militaires, emprisonnements avec privation de soins de santé et de nourriture, assassinats des opposants et confiscation des corps de victimes, parodie de procès politiques, arrestations et détentions arbitraires, complots montés de toutes pièces pour éliminer des innocents, discrimination politico ethnique, etc. Hélas, voici des évidences que nous avons vécues et que nous continuons de vivre, dont l'histoire et les personnes de bonne foi témoigneront.

En imaginant la Guinée en 2050 où les historiens partisans, les nostalgiques fanatiques, les dirigeants et certains de leurs descendants, essaieront de faire croire que la version gouvernementale des faits qui se sont déroulés récemment pendant leur gestion des affaires publiques, mérite d'être tenue pour la vérité historique.

En fait, ils diront qu'entre 2019-2021 la Guinée a failli être déstabilisée par certains pays voisins en complicité avec des puissances étrangères. D'où la décision de fermer les frontières au nord du pays (Sénégal et Guinée-Bissau) pour prétendument protéger l'intégrité territoriale. Ils soutiendront que les preuves de la magnanimité du président Alpha Condé et la culpabilité des détenus politiques étaient les lettres d'excuses publiques et de repentance (conditions obligatoires pour l'obtention d'une grâce présidentielle ou d'un élargissement judiciaire). Ils ajouteront certainement que des activistes de la société civile tels que Abdourahmane Sanoh, Oumar Sylla "Foniké Mengué", Sekou Koundouno, Ibrahima Diallo, etc., étaient des anti-guinéens et des comploteurs fabricants d'armes comme cela est souvent indiqué dans les actes d'accusation établis par la justice aux ordres de la dictature. Ils n'hésiteront pas de dire que l'activiste Roger Bamba est mort confortablement dans un hôpital et non en prison. Ils diront que les rapports des organisations de défense des droits de l'Homme sur les tueries, emprisonnements et tortures politiques n'étaient pas fondés.

Ceci démontre que ce n'est par le silence ou l'indifférence que l'on parviendra à régler les problèmes fondamentaux de notre société ou à éviter aux nouvelles générations de commettre les erreurs du passé. Pour pouvoir témoigner de façon crédible et constructive, il faut être impliqué, imprégné et prendre conscience de ses responsabilités vis-à-vis de son pays.

Dans le même ordre de pratiques, on peut se poser la question à savoir ceux qui parlent et agissent au nom de l'État Guinéen sont suffisamment conscients du caractère violent de certains de leurs actes. En dehors de toute procédure judiciaire, des bulldozers qui rasent des bâtiments privés en pleine journée sous la surveillance des policiers, gendarmes et militaires avec des armes de guerre, cela représente un véritable traumatisme psychologique pour toute personne normale.

Avons-nous perdu notre sensibilité humaine ? Sommes-nous des monstres pour ne pas nous indigner face à toute cette barbarie qui se répète tout le temps ? Pourquoi une certaine opinion continue de croire que tout ceci est normal et acceptable ?

En fait, notre Histoire est aussi caractérisée par plusieurs formes de violences d'État au point où les âmes sensibles gardent éternellement les séquelles des faits horribles vécus depuis l'adolescence. Des pendaisons publiques aux répressions politiques en passant par des démolitions de maisons et au déchirement des familles des victimes. C'est comme si certains ont toujours eu comme intérêt à faire de la Guinée un pays des damnés où les valeurs morales et éthiques ne peuvent avoir de la place. Un pays négativement exceptionnel où le mérite n'est jamais récompensé, l'honnêteté combattue, la perversion célébrée, les ambitions découragées, les crimes justifiés, etc.

Lorsqu'on écoute les témoignages des Guinéens de la diaspora qui ont été directement ou indirectement victimes, il y en a même certains qui ont le dégoût de leur pays à cause des actes barbares et traumatisants de l'État. Malgré tout le mal qu'ils peuvent en ressentir, ils préfèrent moins parler de leur pays à leurs enfants pour leur donner une chance d'éviter les mêmes cauchemars. Cet état de fait bien qu'étant regrettable, est compréhensible pour celui qui sait se mettre à la place des autres.

Si la gouvernance ne sert pas les citoyens en apaisant leur cœur, quelle peut être la fierté de se faire appeler Président, Ministre, Gouverneur, Préfet d'un pays dont le service public se réduit à la haine, le mensonge, la corruption et la violence ? Alors quelles que soient l'utilité et l'urgence d'une action publique, elle doit se faire avec une dose d'humanisme.

Refonder le système pour ramener le pouvoir à la base

À l'évidence, l'un des changements structurels dont notre pays a le plus besoin, est son système politique. Tout indique qu'il a été bâti de façon hyper centralisée pour faire en sorte que le Président et ses Ministres soient si puissants qu'ils focalisent en permanence l'attention de l'ensemble des citoyens.

Depuis les années qui ont suivi l'indépendance, nos différents dirigeants ont perpétué ce modèle de gouvernance qui a personnalisé l'exercice du pouvoir politique. D'ailleurs cela explique en partie l'ethnicisation des régimes qui se sont succédé et leur fragilité éventuelle. Dès lors qu'une gouvernance par la concentration des pouvoirs ne trouve son incarnation que sur des personnes, il va de soi que leur identité ethnique, leurs références amicales et leurs accointances affairistes s'y retrouvent associées.

Ce système en pratique dans notre pays a créé auprès des populations une perception du pouvoir politique qui les amène à moins s'intéresser aux élus locaux en matière de compétitivité et d'exigence de résultats. La simple manière de le comprendre est de voir l'intérêt que les citoyens accordent aux plus hautes fonctions de l'État. Cela au détriment des postes électifs et nominatifs de député, maire, conseil de quartier ou administrateur territorial. C'est ce qui symbolise leur forte tendance à croire que leurs préoccupations ne peuvent trouver des solutions qu'au niveau le plus élevé de la hiérarchie de commandement.

Et pourtant, le schéma le plus efficace de l'exercice du pouvoir est celui qui rapproche les centres de décision aux populations. Ainsi elles verront leurs problèmes rapidement et efficacement résolus. Elles bénéficieront également d'une plus grande attention des services publics et leur contribution à la gouvernance sera plus regardante.

C'est pour dire que si les hommes de valeur étaient enthousiastes pour briguer les responsabilités de base autant qu'ils le sont pour celles du sommet, le développement et la démocratie seraient plus effectifs au bénéfice des populations. L'efficacité de la gouvernance du sommet ne se mesure que par ses effets sur la base. C'est pourquoi il est recommandable de créer un système politique déconcentré et participatif qui fortifie les relais tout en rendant facile et efficient la complémentarité des institutions.

Gouvernance par l'exemplarité : résoudre la crise de la morale

En matière de pouvoir politique, il y a généralement trois types de contraintes auxquelles ses gestionnaires et aspirants sont soumis : celle de la morale, de la loi et du contrôle citoyen. Idéalement les deux premiers se complètent pour créer la vertu nécessaire aux bonnes pratiques. La troisième vient en rempart pour corriger le dysfonctionnement éventuel des deux premiers. Et si les trois sont fonctionnels de façon efficace, les leviers de contre-pouvoirs garantissent les équilibres nécessaires au bien-être de l'ensemble de la société.

Les tentations étant naturellement humaines, les pays qui tirent mieux profit de leurs dirigeants sont ceux qui créent suffisamment de verrous contre les velléités et envies de servir des intérêts particuliers. Cela commence par l'instauration d'un état d'esprit qui doit guider les choix de collaboration des gouvernants.

En illustration de ce modèle d'exemplarité dont la Guinée a toujours eu besoin sans en avoir, voici un entretien imaginaire entre un Président et le futur ministre de la Justice de son gouvernement que nous allons appeler ici Monsieur X :

- **Président :** M. X, votre brillant parcours académique et professionnel, vos états de service et votre expérience m'ont convaincu de vous confier la charge de la gestion du département de la justice de notre pays. Alors sous recommandation de mon cabinet, j'ai décidé d'en discuter avec vous.

- **Monsieur X** : Merci Monsieur le Président pour cette confiance que je tâcherai toujours d'honorer en restant fidèle aux valeurs et principes de la République.
- **Président :** Évidemment je n'ai aucun doute sur vos compétences et votre sens du devoir
- **Monsieur X :** Mais si vous permettez Monsieur le Président, avez-vous des attentes personnelles en me nommant à ce poste ?
- **Président :** En dehors de vos obligations de résultats dans les limites de ce que la loi et le devoir vous imposent, je n'en ai aucune. Par contre, je voudrais insister sur quelque chose qui me paraît important. Compte tenu de la portée de vos fonctions, restez toujours professionnel et ne cherchez pas à être sentimentalement proche de ma famille ou de mes collaborateurs directs. Sinon cela pourrait nuire à notre relation et mettre notre pays en difficulté au cas où vous et votre équipe seriez amenés un jour à mener éventuellement des enquêtes nous concernant. Bref, la justice a besoin d'être impersonnelle pour rester crédible au-delà des dirigeants et des régimes.
- **Monsieur X** : Bien noté. Mais pouvez-vous être un peu plus précis Monsieur le Président ?
- **Président :** En vous nommant, je ne cherche pas votre amitié ou votre protection. Donc ne vous sentez pas redevable au risque d'être affectif. Je trouve simplement en vous les qualités nécessaires pour contribuer à la mise en œuvre de la vision pour laquelle j'ai été élu.

- **Monsieur X** : Bien noté. Alors je vous promets ma loyauté
- **Président :** Promettez-moi plutôt la vérité en toutes circonstances et des résultats conforment à votre feuille de route. C'est de cela que notre pays a besoin, car vous aurez en charge la gestion de son équilibre et du bien-être de ses habitants. Donc vous devez servir nos concitoyens à travers la confiance qu'ils ont placée en moi et que je partage avec vous. Vous savez Monsieur X, l'homme peut se perdre en chemin. Et par la loyauté seulement, ceux qui lui sont fidèles peuvent ne jamais le ramener sur la bonne voie, car les sentiments peuvent parfois être préjudiciables à la raison. Alors c'est à travers la vérité, la rigueur et les compétences qu'on construit les choses les plus utiles et durables pour la société.
- **Monsieur X** : Vous pouvez compter sur moi Monsieur le Président
- **Président :** Bien. Considérant alors que nous nous sommes mis d'accord sur l'essentiel, le décret de votre nomination sera signé et rendu public dans les jours à venir.
- À bientôt Monsieur X !

Alors cette façon de faire pourrait s'appliquer sur l'ensemble du système de gouvernance, c'est-à-dire de la base au sommet en termes de responsabilisation dans la conduite des affaires publiques. Pour un pays ayant été gangrené par les pratiques du népotisme, de la corruption, des accointances malsaines et des conflits d'intérêts, il est indispensable d'aborder et résoudre de façon intelligente, audacieuse et réaliste ces problèmes structurels.

De génération en génération, les mauvaises pratiques de la gouvernance politique et économique ont fini par faire croire à l'opinion publique que la seule option dont elle dispose est d'intégrer psychologiquement cela comme étant une norme de vie dont il faut faire avec. C'est pourquoi, la plupart des vices qui en résultent ne font l'objet ni d'indignation ni de révolte de la part des victimes. Une sorte de fatalité qui s'instaure pour justifier l'inaction au nom du "destin" "ça va aller" "on s'adapte", etc. En quelque sorte un vocabulaire de consolation et de désespoir.

Il n'est pas rare de voir ceux qui pillent les ressources publiques, qu'ils soient des dirigeants ou des entrepreneurs véreux, cités parmi les exemples de réussite dans notre société. Cela pour la plupart des cas, sans que leur parcours n'indique des aspects qui puissent servir de référence en termes de mérite.

Étant donné le manque d'éléments de comparaison, les difficultés d'accès au monde extérieur, la faiblesse du niveau d'éducation et de maturité, la précarité qui crée la dépendance, l'achat des consciences, les limites du système d'information et de transparence, n'importe qui peut facilement s'inventer un mythe pour se faire passer pour le meilleur exemple à suivre. Toujours est-il que l'absence des moyens de vérification et de contradiction crée toutes formes de prétentions et de fausseté dans une société. Et en cela, notre pays n'y échappe et en est victime depuis des lustres. Cela concerne en premier lieu ses gouvernants politiques, administratifs et par extension ses hommes d'affaires.

Promouvoir le militantisme qualitatif pour inverser la mauvaise tendance

Il est naturel de constater que les séquelles des passifs de notre Histoire se font encore sentir sur nos pratiques politiques et sociales ; ce qui rend compréhensible le fait que la plupart de nos compatriotes ne fassent pas confiance aux organisations politiques et sociales, qu'ils aient peur de s'y engager activement ou qu'ils en soient naïvement désintéressés.

Les nombreux cas de déception, de désillusion et de déchirure expliquent en grande partie de telles attitudes. Mais est-ce un ensemble de raisons valables pour tout abandonner en faisant des amalgames et préjugements sur ceux qui agissent honnêtement ? Comment lever les réticences et combattre les hésitations vis-à-vis des personnes vertueuses ? En somme, comment faire la différence entre les uns et les autres ?

C'est en ce sens que le leadership salutaire pour notre pays doit se fixer comme objectif majeur de relever deux défis incontournables : ramener l'espoir et réhabiliter la pratique politique pour restaurer la confiance. Le premier étant conjoncturel, doit se faire sur le court terme tandis que le second qui est structurel se fera sur la durée, donc sur le moyen et long terme. Les succès de ces deux démarches contribueront fortement à mettre enfin la Guinée sur un bon chemin ; celui de la reconnaissance du mérite et la promotion des valeurs humaines, sociales et démocratiques.

Ce leadership précurseur requiert de la compétence dans la gouvernance, l'exemplarité en matière de redevabilité et de discipline, l'équité dans le traitement des citoyens, la fermeté dans le respect des lois et principes. C'est un passage obligé pour amorcer un nouveau départ. Cela ne sera possible que lorsque les personnes de valeur décideront d'être des acteurs du concret, c'est-à-dire de l'activisme politique et social, et non des spectateurs prétentieux qui ne sont prompts que pour la critique idéaliste et le sabotage passionnel.

Il faut impérativement éviter la posture qui consiste à toujours être en désaccord avec ce qui se fait, mais jamais à l'initiative pour corriger ce qui ne marche pas où proposer une alternative. Malheureusement cela a toujours été la mentalité de certains de nos concitoyens. Il se trouve que notre pays est souvent confronté à des problèmes multidimensionnels. C'est donc naturel que certains décident de s'engager pour y remédier à travers l'activisme politique ou social en plus de leurs occupations professionnelles.

L'engagement public pour changer les choses n'est l'exclusivité de personne et ne nécessite pas un statut particulier. Il est plutôt un devoir citoyen qui convient à tous. Certes tous ne peuvent pas devenir des meneurs, mais chacun doit se sentir acteur actif dans l'édification et la consolidation du vivre ensemble. Alors pourquoi tout le temps justifier son inaction par des arguments défaitistes du genre : "je ne suivrai pas X" "je ne fais plus confiance à Y" "je ne vais pas mourir pour Z" "je ne ferai plus rien, car je suis déçu de la politique..." ? Au lieu de se plaindre de ce que les autres n'arrivent pas à bien faire, pourquoi ne pas initier soi-même quelque chose de mieux ? Notre rôle doit-il se limiter aux commentaires et observations de l'actualité de notre pays ? Toujours est-il qu'il faut savoir faire la différence entre critique et sabotage ; le premier est constructif et le second est destructeur.

Alors, si un citoyen ne prend pas conscience qu'il représente l'un des maillons du processus de démocratisation et de développement de son pays, il aura raté sa vocation et son utilité sociale. C'est pourquoi il n'a ni besoin de suivre ni l'obligation d'attendre qui que ce soit pour agir dans l'intérêt de son pays. En tout état de cause, le salut de la Guinée passera nécessairement par l'engagement public multiforme pour créer une masse critique citoyenne afin de favoriser l'émergence d'un esprit de contradiction et de compétition à tous les niveaux. Étant donné que l'opinion publique a plus de facilité d'accès aux informations, il devient plus pratique de pouvoir constituer une masse critique à travers l'éducation et la mobilisation citoyenne.

Faire renaître l'espoir suppose donc un engagement qualitatif dans la vie politique et sociale. Comment faire pour que la nouvelle génération ait les bonnes cartes en main pour décider de son sort ? L'enjeu étant le pouvoir politique, comment se réapproprier ses leviers de direction ? Dans quelle mesure est-il possible de capitaliser l'avantage du nombre pour mieux peser sur le système tenu par une minorité ?

Des réponses à ces interrogations dépendra l'avenir qu'il faut construire dans l'intérêt de tous. À travers une meilleure organisation citoyenne autour des valeurs d'unité et de solidarité, des actions courageuses et utiles peuvent en résulter.

Faut-il réinventer un nouveau type de citoyen guinéen ?

L'une des nombreuses tares de notre pays est la prédisposition de sa population à accepter la dictature avec résignation et fatalisme. Cela s'explique par le choix à l'adaptation au lieu de la contestation contre les agissements vicieux de l'État et des dépositaires de l'autorité publique.

À l'évidence, certaines attitudes de nos concitoyens expliquent clairement les raisons du retard de notre pays. L'État n'existe que contre ses populations et non pour et avec elles. D'ailleurs l'exercice des droits et libertés les plus élémentaires est considéré comme étant un privilège extraordinaire de la part des dirigeants. Les séquelles des précédents régimes dictatoriaux se font davantage sentir par la soumission à l'injustice, l'égoïsme, la culture de la démagogie, la promotion de la médiocrité, le manque de solidarité, l'hypocrisie, la répulsion et l'allergie face à la vérité, le culte de personnalité, etc.

Voilà pourquoi, par naïveté ou par méchanceté, à l'instar des précédents cas, certains ont pensé que soutenir l'instauration d'une nouvelle dictature déguisée en troisième mandat, serait une façon de faire du mal à d'autres. Mais les conséquences en termes de cherté de vie, de mauvaise qualité des routes, du chômage massif, d'augmentations abusives des taxes et impôts, de la faillite du système scolaire et sanitaire, ne dissocient pas les citoyens en termes d'impacts sur leur quotidien et leur avenir.

Ne dit-on pas que l'échec ou la réussite dépend en grande partie de l'environnement dans lequel on vit ? À entendre les propos ou à voir certains agissements de nos concitoyens, on se rend compte qu'ils sont les victimes d'une société délibérément pervertie par les mauvais dirigeants qui se sont succédé aux commandes de la Guinée. C'est à comprendre que le système a été construit pour fonctionner que dans l'intérêt absolu de ceux qui gouvernent. C'est pourquoi chacun aspire à briguer une portion du pouvoir public pour uniquement tirer profit des privilèges et avantages y afférents.

Dans ces conditions, le plus grand défi contemporain de la Guinée est l'éclosion d'un leadership politique, social et intellectuel avisé a même de réinventer un nouveau modèle de société qui n'ait pour objet que l'édification d'une nation juste, solidaire ou tous ses fils et filles vivent en harmonie. Cela passera par une conscientisation massive sur les notions relatives à l'avenir commun et du vivre ensemble. Il faut se convaincre que l'avenir est plus ouvert et rempli d'énormes opportunités en visant le bien commun plutôt que les intérêts d'un individu, d'une communauté ou d'un groupe.

Il n'y a aucune fatalité à laquelle serait soumis tout un peuple. Il faut impérativement lever tous les verrous et ne pas limiter nos ambitions. Autrement, des dirigeants marionnettes, manipulateurs, arrogants et médiocres continueront toujours de profiter du pays au grand malheur de ses citoyens.

L'Éducation sociale et civique de la jeunesse

De toutes les choses importantes qu'il faille laisser à son enfant, une bonne éducation sociale et religieuse reste de loin la meilleure. La première lui donne les outils nécessaires pour vivre en étant utiles à la société, et la seconde lui inculque la foi indispensable à la bonne conduite de ses actes.

En réalité, les diplômes, la fortune, le pouvoir et les relations ne sont que des instruments qui permettent d'atteindre des objectifs déterminés dans la vie. Mais la visée et la portée de leur usage dépendent du caractère de celui qui les porte. Cela est d'autant plus indéniable que la portée réelle de toute action humaine se mesure à son utilité sociale.

Le caractère lui-même se définissant comme un ensemble de dispositions affectives constantes selon lesquelles un sujet réagit à son milieu et qui composent sa personnalité, est le facteur objectivant des actes, propos et attitudes de tout être humain. En illustration, avoir un mauvais comportement est juste une manière d'exposer les tares de sa propre éducation. Par déduction, c'est une façon de montrer à la société les lacunes de ses propres parents, car d'une manière ou d'une autre, chacun est le reflet de ses géniteurs.

Il se dit que l'école instruit, mais que c'est la famille qui éduque ; cela suppose une combinaison d'efforts entre les autorités publiques qui apprennent aux citoyens le respect des lois et le civisme, et la famille qui leur inculque des valeurs du vivre ensemble telles que la conscience, l'éthique et la morale.

Cela est d'autant plus vérifiable que dans plusieurs pays du monde, nul besoin de contrôler a priori les citoyens sur le comportement lié à la salubrité publique, la circulation routière, les files d'attente, la courtoisie, le respect et la solidarité envers les personnes vulnérables, etc.

Les progrès scientifiques réalisés ces dernières années dans le monde ont mis les réseaux sociaux au cœur de la vie des citoyens de façon incontournable. Évidemment que cela change beaucoup de choses dans le bon sens, mais il faut s'intéresser aussi à ses risques sur l'éducation sociale et la sécurité publique.

En fait, le mauvais usage dont certains citoyens font des nouvelles technologies de l'information et de la communication, amène à croire que notre pays pourrait courir un grand danger dans un futur proche si des dispositions idoines ne sont pas prises.

De nos jours, le phénomène des "fake news", exposent les États fragiles à d'énormes risques de transformation des mentalités pour servir des objectifs dissimulés. Le nôtre est encore plus exposé par le fait du manque d'éducation et de maturité d'une large proportion de la population.

Les grandes puissances ont toujours fait de nos pays leur champ de prédilection pour mener plusieurs formes de guerres d'intérêt dans lesquelles nous ne sommes que des instruments et victimes. Les mutations dans le rapport de forces les obligent à changer de méthodes d'action. Désormais c'est essentiellement par la manipulation de l'information que chaque puissance se construit une zone d'influence en créant une opinion publique favorable à ses intérêts et hostile à ceux de ses concurrents.

Malheureusement certains de nos dirigeants et citoyens moins avertis, se plaisent dans ce jeu en croyant que cela peut être favorable à nos pays. Ainsi, ils agissent naïvement au détriment de l'intérêt de nos populations. Avec le retour du populisme dans le débat public sur le continent africain, une sorte de mafia invisible est en train de s'accaparer de nos ressources et prendre en otage notre avenir.

La nouvelle “guerre froide" se mène plus par les actions sur l'opinion publique que par les armes traditionnelles. Cette méthode est plus puissante et sophistiquée avec moins de visibilité sur ceux qui tirent les ficelles. Elle a aussi l'avantage d'être difficilement critiquable, car moins barbare.

C'est pourquoi il est urgent que nos autorités publiques prennent leur responsabilité à travers des programmes citoyens d'éducation et sensibilisation. Pour cela, les “web activists”, les médias professionnels et les associations de jeunesse pourront être d'une grande utilité pour protéger nos États des risques de déstabilisation.

Le devoir d'introspection pour bâtir un nouvel espoir

Depuis la fin du premier régime au milieu des années 1980, les Guinéens expriment de façon active leur rêve de démocratie, de justice, de liberté et de bien-être à travers les manifestations politiques, la résistance citoyenne, les critiques intellectuelles, la mobilisation et le plaidoyer à l'international. Un combat dans lequel chacun de ses braves citoyens fait ce qu'il peut selon ses moyens et sa position. Bien que tous les objectifs ne soient pas encore atteints, étant donné la démocratie est un processus périlleux et interminable, il y a néanmoins des résultats tangibles qui donnent des raisons d'espérer.

Pour ne citer que quelques-uns, nous pouvons rappeler que c'est ce combat qui a permis la libéralisation des ondes d'où le droit d'existence de la presse privée multiforme.

C'est ce même combat qui a empêché la junte militaire de confisquer le pouvoir pendant la transition de 2008-2010, d'où l'alternance politique qui a favorisé l'accession d'un opposant au pouvoir pour la première fois dans l'histoire politique de notre pays.

C'est également ce combat qui a permis d'empêcher Alpha Condé de nous imposer une nouvelle dictature au risque de remettre en cause l'ensemble de ces acquis. En fait, si les deux premiers Présidents, en l'occurrence Ahmed Sekou Touré et Général Lansana Conté, sont morts au pouvoir en ayant cumulé un demi-siècle de gouvernance absolue, Alpha Condé quant à lui a été stoppé à l'entame de sa onzième année, et de son vivant. Ce qui fait de lui le premier ancien Président élu qui soit potentiellement poursuivable en justice pour les crimes et délits commis pendant l'exercice de ses fonctions. En soi ce sont des avancées majeures à l'actif des forces politiques et sociales qui ont initié des actions responsables et efficaces pour en arriver à ces résultats.

Alors poursuivre cette dynamique est la seule garantie qui permettra à notre pays de continuer sur le chemin de son vaste chantier démocratique et de son développement au bénéfice des populations. D'ailleurs la particularité encourageante du combat citoyen de ces dernières années est le fait que malgré toute la brutalité de l'État, cela n'a jamais démotivé la résistance face au travers de sa gouvernance. En plus, malgré la situation de misère et de chômage massif des jeunes entretenue sciemment par le système pour créer une dépendance afin d'en faire une proie à la manipulation politique, la conviction et la détermination des valeureux Guinéens n'ont jamais été entamées.

Incontestablement les populations ont consenti d'énormes sacrifices pour préserver son honneur et sa dignité. Et cela de la résistance contre l'agression rebelle au début des années 2000, à celle contre la dictature interne de ses dirigeants. Certes, il y a encore des insuffisances en termes de capitalisation de ces efforts collectifs d'où le problème de la qualité du leadership, mais il est évident que les Guinéens ont du mérite et de la combativité pour les bonnes causes. Un demi-siècle de lutte est considérable pour la vie d'une personne, mais peu dans celle d'une nation.

Alors au lieu de rester dans la critique passionnelle, l'indifférence naïve et l'équilibrisme hypocrite, regardons objectivement d'où nous venons et faisons ce que nous pouvons, autant que possible, pour faire bouger les lignes dans la bonne direction. C'est possible d'y arriver ensemble au bénéfice de chacun.

Comment la presse peut-elle contribuer à assainir l'espace politico social ?

L'ère du numérique et le phénomène des "fake news" dans les pays développés où les mentalités sont supposées être plus matures en matière de civisme et de démocratie, ont montré les limites de l'encadrement de la liberté d'expression et de protection contre la nocivité des influenceurs d'opinion. Qu'ils soient des politiques (les populistes extrémistes), des activistes (sectes, milices, blogueurs anarchistes) ou des libres-penseurs, les possibilités de se tailler une parcelle de pouvoir pour impacter l'orientation de la vie de la société, deviennent de plus en plus plausibles.

• **Qu'en est-il de la situation en Guinée ?**

La faiblesse des institutions publiques, l'irresponsabilité des dirigeants, la méconnaissance des réglementations, l'impunité et le déficit de maturité des populations, ont généré un désordre indescriptible sur la place publique de sorte que n'importe qui peut nourrir la prétention ou la tentation de renverser les codes et pratiques les plus sacrés de la société. Que cela soit à travers les médias classiques ou les réseaux sociaux, on assiste à une sorte de jungle qui contribue chaque jour un peu plus à plonger notre société dans la haine, la désinformation, l'intoxication, la calomnie, etc. Ce qui en soi pourrait être désastreux pour le vivre ensemble, les relations interpersonnelles et l'équilibre général d'un pays.

- **Que faut-il faire pour y remédier ?**

La difficulté fondamentale sur cette problématique contemporaine réside dans la conciliation entre l'intérêt du vivre ensemble et le respect de la liberté d'expression dans toutes ses dimensions. N'étant pas le seul pays qui fait face à ce type de dilemme, le nôtre doit prendre des mesures qui tiennent compte de certaines spécificités tout en tirant profit de la collaboration avec d'autres pays dans le cadre de la mutualisation des efforts face au mal commun.

En attendant de bâtir un dispositif proactif et soucieux du bien-être des populations et de l'efficacité des organes dédiés, telle que la Haute Autorité de la Communication (HAC), il est recommandable que les médias et partenaires de cette institution prennent ces initiatives allant dans le sens d'une correction progressive de cette faiblesse qui expose notre pays à tous les dangers :

- ✓ Créer un cadre règlementaire dissuasif et en faire la promotion auprès des professionnels et de tous les citoyens ;
- ✓ Faire recours à des spécialistes pour analyser et décrypter les passages des invités des émissions médiatiques ;
- ✓ Appliquer rigoureusement la législation qui sanctionne les propos tendancieux qui sapent les fondements de la société à travers un monitoring de l'espace audiovisuel et des réseaux sociaux ;

- ✓ Favoriser et mettre en place la pratique du débat contradictoire pour toutes les affaires publiques et dans tous les domaines entre les gouvernants et gouvernés ;
- ✓ Encourager et promouvoir l'engagement politique et social, et donner la parole à toutes les couches représentatives et crédibles de la société ;
- ✓ Donner beaucoup plus d'espace d'expression aux analystes en langues nationales et aux structures de sondage pour améliorer l'implication et la compréhension citoyenne ;
- ✓ Sensibiliser les populations à s'intéresser beaucoup plus aux comptes sociaux instructifs, valorisants et respectueux de l'éthique, plutôt qu'aux plate-formes qui incitent à la violence, la haine et les règlements de comptes.

Il est indéniable que chaque société a ses opportunistes, ses démagogues, ses égarés, etc. Mais celles qui réussissent le mieux sont souvent celles qui savent comment les gérer afin qu'ils soient moins nuisibles au reste de la société.

En plus de toutes ces mesures pratiques dont la plupart sont à la fois structurelles et conjoncturelles, il faut se résoudre à constater que l'un des plus grands besoins de la Guinée en terme de qualification de la presse pour sa meilleure contribution au développement de la société, est celui de la création d'une **École Nationale du Journalisme d'Investigation (ENJI).**

Si dans le système démocratique la presse est considérée comme étant le quatrième pouvoir après l'exécutif, le législatif et le judiciaire, c'est pour la simple raison qu'elle éveille la conscience des populations, et pourvoie aux dirigeants publics et privés des éléments essentiels d'aide à la décision.

Malgré tous les progrès indéniables réalisés ces dernières

années en matière de liberté d'expression et de pluralité des sources d'information, il y a encore un besoin de qualification des ressources humaines pour évoluer du généralisme (animateurs, chroniqueurs) vers la spécialisation (analystes, spécialistes de questions spécifiques, enquêteurs...)

En fait, lorsqu'on remarque les approximations avec lesquelles certains sujets de haute importance sont traités dans le débat public, tant par les auditeurs que par les professionnels des médias, on se rend compte de la chance que des criminels à col blanc ou rouge ont toujours pour s'en sortir face au regard critique du citoyen et à la justice.

Ces limites créent un autre préjudice qui est la sous-évaluation du manque à gagner en matière de développement, car l'ignorance de nos véritables potentiels, le déficit de transparence dans la gestion et la mauvaise qualité des ressources humaines, sont des facteurs qui réduisent considérablement la marge de manœuvre de toute politique publique. Alors la réalisation de cette vision apportera des corrections structurelles à cet ensemble d'insuffisances.

Cette École aura pour vocation de développer toutes les dimensions de l'investigation journalistique à travers des filières de spécialisation pointue dans les domaines de la politique, l'économie, la sécurité, la culture, la sociologie, l'histoire, la santé, l'éducation, etc. Les enquêtes pourront avoir des connexions avec des institutions de recherche spécialisées ici et ailleurs. Ce qui va permettre d'avoir des plateaux de débats encadrés par des journalistes-chercheurs spécialistes qui auront la lattitude d'exposer des faits argumentés, expliciter des dossiers d'intérêt public, et qualifier la contradiction entre acteurs de différents profils.

Alors cette École, avec toutes ses ramifications, sera d'abord un creuset pour les étudiants et chercheurs, mais surtout un instrument qui aide les contrôleurs institutionnels de la gestion publique, les citoyens lambdas, les élus locaux et nationaux, à mieux jouer leurs rôles respectifs. Donc elle sera une arme très puissante pour le développement inclusif, la gouvernance politique et administrative, la promotion de l'éthique et du mérite, la lutte contre la désinformation et toutes les formes de délinquance (politique, économique et social), la cyber-criminalité, les comportements malsains sur les réseaux sociaux, etc.

La dissuasion contre les mauvaises pratiques est une approche qui donne parfois plus de force à la loi que la répression. Lorsque chaque citoyen sait qu'il y a un regard non complaisant qui est porté sur lui, il va davantage prendre au sérieux sa responsabilité vis-à-vis des autres. C'est en sens qu'il deviendra contributeur au progrès collectif en faisant correctement son devoir et en bénéficiant de ses droits et libertés. C'est une sorte de contrainte invisible qui harmonise la société et équilibre les forces qui interagissent.

Soigner le mal à la source

Contrairement à une perception quasi générale, l'ethnocentrisme n'est pas la source du mal de notre pays ; ce phénomène est plutôt l'une des conséquences de l'échec de l'État dans son rôle, son organisation et son fonctionnement. En effet, même dans les grandes démocraties il y a souvent des propensions identitaires ou communautaires entre les composantes d'un même pays. Mais celles-ci cohabitent par le respect des principes et valeurs du vivre ensemble, c'est-à-dire les lois et les bonnes pratiques.

Ceci étant, il est certain qu'il y a encore des racistes aux États-Unis, en Afrique du Sud, en Europe tout comme il y a des nostalgiques génocidaires au Rwanda et en Serbie, des séparatistes en Espagne (la Catalogne), en France (la Corse), en Belgique (Flandre et Wallonie) ; des extrémistes en Irlande, des néonazis en Allemagne, etc. Cette liste d'exemples n'étant pas exhaustive, pourquoi ces différentes composantes de ces sociétés sont moins visibles et ont une faible capacité de nuisance ? C'est parce que l'État est fort, dans le sens vertueux, et la population est mature pour réduire systématiquement leurs marges de manœuvre afin d'empêcher qu'elles compromettent la cohabitation paisible des citoyens en se servant de leurs différences raciales, ethniques, idéologiques, linguistiques, religieuses, etc. Donc il est important de comprendre que le rôle d'un dirigeant n'est pas d'appeler les citoyens à simplement s'aimer. Il doit surtout les amener à se respecter et vivre ensemble selon les principes qui régissent la vie en société ; c'est-à-dire par le règne absolu de la justice et la promotion des valeurs démocratiques. Le reste se fera naturellement tout seul.

C'est pourquoi, nous devons arrêter de nous limiter à des slogans populistes qui ne sont que les symptômes d'une maladie profonde que nous refusons d'admettre et soigner depuis des lustres : La Guinée n'a jamais eu une organisation étatique juste et vertueuse. Elle n'a connu que des individus prétentieux et véreux qui se sont toujours organisés pour prendre en otage un peuple qui ne comprenait pas totalement leur jeu. Pire, ils s'arrangent toujours à agir au nom de cet instrument qui sert leurs seuls intérêts sordides qu'ils appellent "État".

Alors soigner ce mal structurel à la source revient à réorganiser l'État autour des objectifs du service public efficace, inclusif et permanent. Cela indépendamment des considérations politiques, claniques et affairistes.

DÉVELOPPEMENT ÉCONOMIQUE ET SOCIAL

Le défi du désenclavement pour l'amélioration de la mobilité

Il est impossible de réussir des objectifs de développement sans réaliser au préalable les infrastructures de base qui facilitent la mobilité des populations, donc des échanges de biens et services. L'effet stimulant de l'économie se crée à travers les opportunités de contact entre les acteurs. Certes, ces dernières années le développement du numérique a beaucoup plus rapprocher les uns des autres en améliorant l'efficacité du travail. Mais aussi longtemps que les zones de production et la sécurité publique ne sont pas renforcées, le potentiel restera toujours sous-exploité.

Pour illustrer ce besoin et en apporter des solutions, prenons deux cas : celui du pays profond et de la capitale Conakry. À date, la plus grande voie de liaison entre les villes régionales est la route nationale numéro 1 qui part de Conakry jusqu'à N'Zérekoré au Sud, sur Kankan - Siguri à l'Est jusqu'au Nord-Est, et à partir de Mamou elle continue vers le nord sur le tronçon Labé - Koundara. Alors en se fondant sur la forme géographique du pays, il serait bénéfique de réaliser une infrastructure routière qui partirait de la côte maritime de la région de Boké pour relier Telimélé - Mali - Dinguiraye - Siguiri - Mandiana - Beyla - N'Zérekoré où elle rejoindra la route nationale numéro 1 pour créer la grande "Ceinture routière de Guinée" (CRG).

La réalisation d'une telle infrastructure aura de multiples avantages sur le plan économique et social en faveur de nos concitoyens et nos voisins de l'espace CEDEAO. Le premier sera l'interconnexion de toutes les villes frontalières qui va ensuite faciliter la réalisation des routes transversales inter urbaines en partant de cette base.

Le second sera une plus grande ouverture vers les six pays voisins et la Gambie par extension. Ce qui facilitera davantage l'accès pour nos producteurs locaux aux marchés sous régionaux pourvoyeurs de devises qui permettront de soutenir notre monnaie locale, le Franc guinéen.

Le troisième sera la mise en chaîne de presque l'ensemble du potentiel minier, agricole et hydroélectrique du pays. Cela ouvrira de meilleures perspectives pour les études des projets agro-alimentaires et industriels, l'extraction et la transformation des minerais, le transport et l'exportation des produits finis non pas seulement à travers le port de Conakry, mais celui de Kamsar qui connaîtra un développement conséquent par la concurrence portuaire. Il faudra rajouter à ce plan d'ensemble l'axe Boké - Bissau - Banjul - Dakar dont la partie guinéenne reste à faire. Ce qui représente un manque à gagner inestimable pour notre économie.

Sur le plan social, il va de soi que le désenclavement bénéficie aux populations dans le sens où l'interaction, en plus de créer des opportunités d'affaires, réduit considérablement les clivages et les incompréhensions. Donc la cohésion nationale y gagnera de façon significative au-delà des discours politiques.

La deuxième illustration de cette ambition porte sur le cas de la capitale Conakry en ce sens que l'une de ses particularités, ce sont les attroupements et bousculades au niveau des carrefours et le long des rues principales pour trouver un moyen de déplacement. Cette situation est plus pénible à voir pendant les heures d'affluence d'autant plus qu'elle n'épargne pas les couches sociales les plus fragiles (personnes âgées et à mobilité réduite, enfants, etc.).

Et principe, Conakry ayant une densité raisonnable, l'organisation de la mobilité de ses habitants et les engins roulants ne devrait pas être si difficile. C'est pourquoi, au regard de la configuration géographique de la ville, on peut envisager ces pistes de solutions :

- Aménager les axes routiers des corniches Nord et Sud pour permettre aux véhicules de rouler sur les deux côtés de la mer. Cela permettra de réduire la densité de la circulation à l'intérieur de la ville et améliorer la gestion du temps pour les usagers.

- Créer un réseau de transport maritime des axes Dubréka - Kaloum et Coyah - Kaloum. Cela nécessite une mise en circulation d'au moins quatre bateaux à passagers avec des débarcadères aménagés à des endroits précis. En raison de deux par axe et par tronçon, le service pourra se faire de la façon suivante : le premier bateau en "Express" (maximum 4 arrêts), du lundi au vendredi de 5 h à 10 h et 16 h à 21 h. Le second en "Local" (tous les arrêts), 7 jours/7 de 6 h à 22 h. Dès lors qu'il ne peut y avoir d'embouteillage en mer, nous pouvons en faire un véritable atout pour créer des emplois, fluidifier la mobilité humaine, réduire la pollution et la dépendance en véhicule.
- Prolonger les transversales existantes (T1 à la T14) jusqu'au niveau des deux côtes maritimes de la ville pour les connecter aux corniches Nord et Sud.

En plus de créer des voies de circulation spécialement dédiées aux bus, cette dynamique globale pourrait être complétée par une ligne centrale de transport ferroviaire passager d'une longueur minimale de 40 km (Kaloum - Hamdallaye - Cimenterie - Kagbelen...). Alors, à travers les effets induits des investissements, toute la chaîne de valeur économique s'en trouvera positivement affectée (immobilier, transport, banques, recettes publiques...).

À de telles initiatives, il faut nécessairement ajouter un plan d'urbanisation porté sur la viabilisation et le désenclavement des zones périphériques. Ainsi, les villes de Boffa et Forécariah, à travers l'effet incitatif, deviendront à terme les banlieues chics du grand Conakry. Dans ces zones, avec plus de sécurité ajoutée à ces infrastructures, on peut y réaliser des centres administratifs, des logements sociaux, de grandes surfaces de distribution, des stations balnéaires, des complexes hôteliers, des centres de loisirs, des hôpitaux, des écoles de référence, etc.

L'endettement : facteur de blocage ou opportunité de réussite ?

Partant d'un postulat basé sur nos réalités, si le voisin, la boutique du quartier ou la banque refuse ou exige beaucoup de garanties sur une demande de prêt d'argent, cela mérite des interrogations sur la crédibilité et la capacité à se projeter dans le futur pour le demandeur.

En fait, contrairement à certaines croyances dans nos sociétés, l'endettement doit être perçu sous un angle positif ; il symbolise une façon de croire en l'avenir. Être solvable démontre avant tout une capacité à s'organiser et se projeter à travers une vision et des initiatives porteuses. Cela veut dire donc que l'incapacité de s'endetter illustre un problème qui mérite d'être résolu au niveau de soi-même d'abord. Elle pose des questions essentielles du genre : "Quelle crédibilité avons-nous pour contracter et rembourser une dette ? Quel type de dette pour quel usage ? »

Au-delà des individus que nous sommes, pour un État, une entreprise ou une coopérative, revendiquer une situation de "zéro dette", n'est ni pertinent ni ambitieux. Cela se démontre par le fait que l'endettement est un cycle permanent, et le poids financier s'évalue en grande partie par le potentiel de souscription aux crédits et les possibilités d'accès aux ressources financières.

Par contre, de nos jours, l'autarcie crée des limites à la réflexion et aux ambitions dès lors qu'elle signifie la peur du risque raisonnable, le refus de bâtir des partenariats exogènes et la réduction minimaliste des ambitions. Ce sont trois obstacles au développement tant sur le plan personnel qu'institutionnel.

L'endettement faisant partie de l'essence de toute société progressiste, il faut qu'il soit pédagogiquement expliqué et intelligemment encadré pour bénéficier à la fois aux acteurs du développement et à l'ensemble des populations. Ce qui renvoie à la problématique de la structure et du fonctionnement de l'économie guinéenne. Il faut toutefois préciser que l'instabilité politique et institutionnelle n'a pas véritablement aidée à bâtir un modèle économique continue et viable. Chaque régime a expérimenté des initiatives de court terme sans véritablement poser les réformes nécessaires pour le long terme, donc durables.

Ceci étant, le système bancaire ne se sentant pas suffisamment rassuré, ne finance pas les véritables acteurs de l'économie, en l'occurrence les petites et moyennes entreprises. La raison fondamentale est liée au risque de recouvrement et de rentabilité qui s'avère élevé à cause des aléas de l'environnement économique : faiblesse de qualification académique et professionnelle, mauvaise qualité des projets, manque de confiance en la justice pour la gestion des contentieux éventuels, etc. Autant de facteurs qui ne plaident pas en faveur de la confiance indispensable à la collaboration entre institutions de crédit et entrepreneurs. Généralement les ressources disponibles au niveau des banques sont allouées à des organismes de grande taille, car offrant plus de garanties. Les autres se voient imposer des taux d'intérêt proportionnels au risque, donc élevés de sorte qu'ils soient dissuadés à souscrire aux prêts.

Pour l'essentiel de ce qui se fait, le secteur minier attire plus l'attention et absorbe assez d'investissements directs et indirects sans que cela n'ait un impact significatif en termes de création d'emplois et de mobilisation de recettes publiques. Bien que cela ne se justifie pas que par les tares de l'État dans le sens de la corruption, il faut se dire que l'absence de plans de transformation dans les projets miniers prive le pays de l'essentiel, c'est-à-dire la valeur ajoutée à tirer sur toute la chaîne.

D'ailleurs dans ce domaine minier qui cristallise autant d'attention, de spéculation et de fantasme depuis plusieurs décennies sans que cela ne concrétise en termes de développement économique et social pour les populations, il serait mieux de faire un moratoire sur l'exploitation. Ceci le temps de mieux se préparer en termes de qualification de ressources humaines, de réformes du système bancaire, de lutte contre la corruption, etc. En somme, autant de facteurs qui vont améliorer la capacité d'absorption de notre économie et les moyens de valorisation du potentiel existant.

Une telle idée ne suppose pas un arrêt total de l'exploitation minière, mais une réorganisation structurelle et complète du secteur avec une forte implication du secteur bancaire et des chercheurs nationaux issus du milieu universitaire et des cabinets privés spécialisés.

Dans ce sens, la Guinée pourrait bien s'inspirer des modèles qui ont marché dans les pays d'Afrique Australe pour créer des juniors miniers qui pourront concourir dans l'acquisition et l'exploitation des licences. Cela se traduit par l'encouragement des acteurs économiques locaux à se spécialiser et investir dans le domaine minier au-delà de la sous-traitance. Ceci nécessite du temps, de la confiance et de l'audace que le leadership dirigeant doit impulser pour être suivi par les acteurs économiques à travers une vision claire.

Certes, il y a parfois des situations internationales particulièrement défavorables. Mais notre pays a généralement des problèmes structurels internes de sorte que même si le monde devient un paradis, nous serons en difficulté aussi longtemps qu'ils ne seront pas résolus. C'est pourquoi nous sommes toujours amenés à subir tout et ne profiter de rien à cause de notre fragilité chronique dont les raisons sont les suivantes :

- ✓ L'État ne compte que sur sa fiscalité basée sur une assiette rétrécie de produits de grande consommation ;
- ✓ L'économie n'étant pas diversifiée, le commerce dont la pratique est essentiellement informelle, représente le secteur principal d'activité. Alors la dépendance internationale (importations) et la déperdition des ressources deviennent sa caractéristique fondamentale ;
- ✓ Les grands objectifs de recettes publiques sont plus portés sur le cordon douanier que sur les impôts prélevés sur le tissu économique interne. Exemple : les augmentations régulières et fantaisistes des tarifs douaniers sur les produits d'importation.
- ✓ La créativité et l'innovation ne sont pas les priorités de notre système éducatif. Alors nous n'inventons rien et nous ne savons même pas tirer profit de ce que font les autres.
- ✓ Les banques commerciales ne faisant pas suffisamment confiance à l'entrepreneuriat local faute de garanties de rentabilité, consacrent leurs ressources aux projets capitalistiques qui créent moins d'emplois locaux et reversent peu dans l'économie nationale ;
- ✓ La faiblesse des investissements locaux et le manque d'attractivité du pays pour des raisons politiques et sécuritaires créent une rareté de la circulation des ressources financières dans le

circuit économique ; donc une faiblesse des opportunités ;

- ✓ Lorsqu'une population est majoritairement au chômage, les agents économiques deviennent des "passagers clandestins" dans le circuit. Ils sont des consommateurs de survie qui ne contribuent pas à l'élargissement du gâteau fiscal ;
- ✓ La mauvaise gouvernance qui est caractérisée par la corruption, l'amateurisme et les détournements, affecte la qualité des choix budgétaires en termes de dépenses publiques et assèche les maigres ressources disponibles.

Investir dans les secteurs de l'innovation

Dans la plupart des grandes discussions des dernières années concernant le continent africain, il se dit que sa jeunesse est son principal atout pour son développement. Mais de quels profils de jeunes dont il s'agit ? Pour quelle vision ?

En ce début du nouveau millénaire, la croissance économique mondiale a été essentiellement portée par les secteurs des nouvelles technologies, la téléphonie mobile et l'immobilier. De façon incontestable les économies de plusieurs pays Africains ont été tirées vers le haut grâce à la vision des leurs dirigeants dans ces différents secteurs. Mais jusqu'à quand cela va se poursuivre si nous ne développons pas nous même les modèles et outils qui déterminent notre avenir ?

De l'agriculture à l'éducation en passant par la sécurité et le système électoral, la digitalisation modernise les pratiques et rend compétitifs tous les secteurs clés de la vie nationale. Elle réduit considérablement l'informel et les risques de fraude non seulement pour la sécurité des documents, mais aussi au niveau des transactions économiques. Ce qui veut dire que la confiance, facteur indispensable à toute initiative, se retrouve renforcée auprès des bénéficiaires directs et des partenaires potentiels.

La créativité et l'innovation étant donc les véritables clés du développement, l'économie contemporaine n'a plus de frontières pour les compétences et l'argent. La mobilité des cerveaux et des ressources financières donne plus d'opportunités de création de richesses, donc de valeur ajoutée, à travers les investissements dans les secteurs porteurs de croissance.

Rien qu'en imaginant avec l'augmentation du volume de consommation d'internet et des équipements informatiques dans le monde à cause de la pandémie du COVID-19, les pays qui avaient investi dans la formation sur les filières des nouvelles technologies de l'information et de la Communication (NTIC) en tirent les meilleurs profits à travers l'économie numérique.

De nos jours, l'essentiel des activités socioprofessionnelles se fait en ligne via des applications et plateformes dédiées : des achats ordinaires aux formations académiques en passant par les conférences et réunions d'affaires. C'est pourquoi l'immigration clandestine et non qualifiée n'a plus d'avenir dans la mesure où les emplois deviennent plus exigeants en termes de performance et plus modernes dans la pratique.

Les pays ambitieux sont ceux qui anticipent et s'adaptent. Cela nécessite l'investissement dans le savoir, c'est-à-dire l'éducation, pour favoriser l'autonomie professionnelle, la disponibilité de la main-d'œuvre qualifiée et l'émergence du leadership visionnaire. Ainsi, tous les secteurs de l'économie interagissent à travers la gouvernance politique et institutionnelle pour relever de grands défis. C'est en ce sens que chaque citoyen pourra s'épanouir en étant acteur et bénéficiaire des retombées du développement et de la démocratie.

Par exemple, pour ne prendre qu'un domaine précis, si nous voulons préparer nos enfants pour les compétitions du futur, aidons-les à performer leur niveau en mathématiques et en langues étrangères. Des mathématiques découlent la plupart des filières d'ingénierie. Que cela soit dans le numérique, le bâtiment, les routes, les ponts, les besoins de nos États sont inestimables. Donc ces secteurs seront l'épicentre des investissements et emplois massifs dans un avenir proche et lointain.

Les mathématiques n'enseignent pas que des formules ; elles apprennent surtout une logique de raisonnement, une discipline de travail et une efficacité de fonctionnement. De façon classique, une formule mathématique sert à résoudre un problème (équation). Mais pour y arriver, il faut cerner ses paramètres essentiels. Ensuite, le contextualiser, déterminer sa nature et relever ses données. Enfin, poser la formule adaptée pour amorcer sa résolution. Cette démarche permet de trouver les inconnues du problème et procéder à la vérification du résultat à travers les équilibres. Ainsi, par la définition des limites, contraintes et tendances, la courbe définie va correspondre au résultat final.

Alors, habituer le cerveau à de tels exercices d'imagination, d'anticipation et d'endurance, le prépare à démystifier son environnement de vie et trouver des solutions qui répondent aux différents besoins de la société. C'est tout l'objectif de l'enseignement : faire de chaque citoyen un contributeur au développement du pays.

Quant aux langues étrangères, elles sont des outils indispensables pour s'épanouir dans un monde devenu plus interactif. En avoir la maîtrise permet de créer des connexions et lever des barrières, donc démultiplier les opportunités.

Tout ceci nous amène nécessairement à redéfinir l'utilité de l'école aux yeux des apprenants. Celle-ci se trouve plus dans le développement de l'esprit critique que dans l'apprentissage de notions abstraites. Dans notre pays, lorsqu'on analyse la capacité de compréhension et de raisonnement dans le débat public, on se rend facilement compte que notre système éducatif est obsolète. Notre capacité à penser par nous-mêmes à partir des enseignements reçus à l'école et des expériences vécues est très faible.

En fait, les programmes académiques prédisposent beaucoup plus les élèves et étudiants à la dépendance, l'incertitude, le doute et la soumission au lieu de développer leur capacité de remise en cause et de critique constructive. C'est pourquoi, la plupart des diplômés de nos écoles aspirent à devenir fonctionnaires de l'administration publique même si celle-ci ne leur offre pas un plan de carrière ambitieux.

De nos jours, les bases du développement d'un pays étant l'autonomie, la créativité et l'innovation qui se matérialisent par l'entrepreneuriat, il s'avère nécessaire d'instaurer sur l'ensemble du cursus académique et professionnel des filières d'études et programme de stages y qui s'y rapportent. Ceci pour espérer faire de chaque citoyen un acteur réel du développement économique et social. C'est ce qui d'ailleurs explique sous d'autres cieux que le fait de servir toute sa vie l'administration publique soit perçu comme un échec.

L'autre particularité est la motivation non avouée de la plupart des candidats à la fonction publique. Ils aspirent à un statut professionnel permanent sans aucune exigence de résultats ; d'où leur intérêt démesuré pour les décrets ou arrêtés de nomination qui donnent l'opportunité de s'enrichir de façon illicite.

Comment pourrait-on résoudre cette problématique ?

- Créer des lycées techniques et des écoles polytechniques d'excellence pour développer des filières à forte valeur ajoutée qui correspondent au potentiel économique et aux objectifs de développement ;

- Qualifier l'administration publique par des programmes obligatoires de remise à niveau, des tests réguliers de performance et une réforme des modes d'accès aux responsabilités fondamentales à travers des appels d'offre d'emploi contractuel pour les postes de secrétaires généraux, chefs de cabinets, directeurs nationaux ;
- Promouvoir la mobilité professionnelle pour réduire la peur de perdre un emploi. Cela en encourageant l'entrepreneuriat à travers la formation permanente et des programmes incitatifs par des garanties de soutien bancaire, des avantages fiscaux, des primes aux résultats ;
- Développer des programmes académiques spécifiques se rapportant sur l'autonomie et la gestion des risques. Cela aura l'avantage de rendre les jeunes plus entreprenants, confiants et audacieux pour se lancer dans les initiatives privées.

Le véritable intérêt d'aller à l'école pendant des années durant, c'est pour en ressortir et contribuer dans le bon sens à faire et dire ce qui n'avait jamais été fait et dit. Cela signifierait qu'on aurait appris non pas des pensées, mais à penser et produire ses idées. Et mieux, la vocation naturelle de tout individu étant de contribuer à rendre meilleur le vivre ensemble, donc l'humanité, si on étudie pendant une vingtaine d'années de sa vie pour ensuite avoir un cerveau qui ne produit rien et un cœur qui porte de la haine, ce qu'il faut sérieusement se poser la question de savoir s'il valait la peine d'exister.

Étant donné que l'école instruit et la famille éduque, nous ne pouvons mieux nous définir que par notre utilité sociale ; c'est-à-dire en nous servant des instruments de la science dont nous apprenons la maîtrise pour faire du bien aux autres autant que possible. Toujours est-il que nos actes, nos propos et nos attitudes portent indéniablement l'identité de notre famille d'abord, ensuite les empreintes de notre parcours académique.

Les limites des approches de l'État dans la gestion de l'Économie

Quand est-ce que nos gouvernants vont comprendre que ce ne sont pas les réunions avec les commerçants qui vont résoudre la problématique de la cherté de la vie qui est plus structurelle que conjoncturelle ? Cette approche populiste fait partie de la tradition de la mauvaise gouvernance dans notre pays. Tous nos dirigeants l'utilisent pour se protéger des critiques en désignant un bouc émissaire. Elle illustre leur mauvaise foi et méconnaissance des lois du marché. En somme, un amateurisme dans la gestion des problèmes de nos concitoyens.

Le premier paradoxe est celui de vouloir une augmentation continue des recettes fiscales sur une matière imposable rétrécie, et exiger au même moment des prix bas sur le marché des biens et services. En effet, le cordon douanier représente l'une des principales poches des recettes publiques. Cela veut dire que ce sont les importations qui font vivre l'État et alimentent les circuits économiques locaux, alors que c'est l'inverse qui devrait se faire. De ce fait, quoi de plus normal que les augmentations tarifaires se répercutent sur les prix de vente des produits ?

Le second paradoxe est celui d'avoir une économie non diversifiée et non industrialisée avec un chômage endémique, et espérer un pouvoir d'achat élevé des ménages. Comment des individus sans revenus peuvent-ils être des consommateurs viables ?

Au lieu de prôner des prix bas pour se faire applaudir, il faut plutôt initier des activités qui créent des emplois et des revenus élevés pour booster la consommation qui encourage la production locale. Le dirigisme des prix est une utopie dans une économie devenue mondialisée. Cela veut dire que l'interconnexion des marchés défie les lois nationales au profit des règles internationales du commerce. Qui sommes-nous pour y échapper ?

Il n'y a que les dirigeants en manque d'inspiration qui surtaxent les denrées de grande consommation pour une population majoritairement pauvre, c'est-à-dire qui vit avec moins de 2 $ par jour. Le chômage massif étant synonyme d'absence de pouvoir d'achat, aucun objectif de recettes fiscales n'est atteignable lorsque les moyens y afférents sont inopérants.

Tout porte à croire que les dirigeants qui portent le système économique montrent assez de limites dans leur appréhension des problématiques. En fait, le dirigisme et l'administration des prix sont dignes des méthodes communistes dont l'expérience a prouvé l'inefficacité sur le moyen et long terme. La simple raison est lorsque les conditions d'activités économiques deviennent défavorables, quelle que soit la pression faite par les autorités publiques, les opérateurs économiques se confrontent à de choix ultimes qui se traduisent en trois options : abandon, fraude ou délocalisation ; bien évidemment elles sont toutes préjudiciables au développement économique et social.

Alors quelles sont les solutions envisageables pour corriger ces imperfections qui sont caractéristiques de notre économie ? Pour y arriver, la réalisation de certains préalables s'avère nécessaire :

- ✓ Faciliter l'accès au crédit d'investissement et de consommation par des garanties publiques qui feront baisser les taux d'intérêt des prêts bancaires surtout pour les petites et moyennes entreprises (PME) et les coopératives de développement
- ✓ Réformer le système éducatif pour créer de la main-d'œuvre qualifiée, adaptée et opérationnelle.
- ✓ Instaurer la confiance par une gouvernance stable, démocratique et vertueuse
- ✓ Diversifier et formaliser l'ensemble de l'Économie

Ces actions fortes pourront favoriser les investissements massifs et la création des emplois, donc de la richesse. Ainsi il sera raisonnable et opérant d'appliquer des régimes fiscaux supportables à un panier élargi et diversifié d'acteurs économiques. C'est de cette façon que les ménages et les entreprises, toutes catégories confondues, peuvent se développer en améliorant le potentiel de recettes de l'État. Celui-ci pourra ainsi financer sa politique publique dont les résultats seront la contrepartie des contributions fiscales et la redistribution équitable de la richesse nationale.

Un État est comme un père de famille ; son autorité et sa légitimité ne doivent se fonder que sur sa capacité à être juste, équitable, bienveillant et vertueux vis-à-vis de tous ceux qui sont sous sa responsabilité.

• Une illustration de l'économie réelle

Lorsqu'on se met dans la position du consommateur, on peut toujours vouloir que les prix baissent tandis que le producteur souhaite les voir à la hausse. Les deux étant indissociables, on se poserait la question de savoir comment trouver un point d'équilibre qui satisfait l'un sans porter préjudice à l'autre.

Posons l'hypothèse suivante : si les prix des denrées et services baissent de façon générale et continue, qui aura la motivation de produire ? Alors dans le schéma économique classique, il y a essentiellement deux acteurs : le consommateur et le producteur. Les deux sont à la fois interdépendants et confondus. C'est le besoin du premier qui détermine l'existence du second. Tous les deux ont envie de bien vivre.

Mais pour davantage simplifier l'explication, disons que le consommateur veut tout gagner, mais sur la base de ce que son revenu lui permet d'obtenir. Tandis le producteur veut grandir à travers la valorisation de sa production sur le marché.

Pour cela alors il faut trouver un "deal" tacite pour bien faire coexister les deux de façon à ce qu'ils soient tous satisfaits. Pour y arriver, au lieu de prôner une baisse des prix des produits et services, il faut plutôt lutter pour une amélioration du pouvoir d'achat ; c'est-à-dire la capacité financière des consommateurs. Cela se passe par la création des emplois et la revalorisation des salaires.

- Qui doit faire ce travail de base ?

Il est de la responsabilité des pouvoirs publics, c'est-à-dire le gouvernement, de rendre l'économie plus attractive. C'est ce qui encourage les investissements qui génèrent des emplois et éventuellement des revenus.

- Comment cela se traduit-il concrètement ?

Imaginons un garage mécanique automobile qui investit dans les équipements modernes et la formation du personnel. Évidemment cela a un coût pour l'entreprise. Mais ses prestations devenant plus rapides et efficaces, il élargit sa clientèle. Ce qui suppose qu'en améliorant la qualité du service, sa productivité augmente proportionnellement à la satisfaction de ses clients dont l'augmentation du nombre lui permet de gagner plus sans forcément augmenter ses tarifs.

En conséquence, les conditions de vie de ses travailleurs se trouvent nettement améliorées à travers le réajustement des salaires qui est fonction du rendement marginal de chaque employé. Du coup, cela génère un impact positif sur l'environnement économique global, car chaque nouvel emploi créé ou un salaire augmenté, devient un potentiel fiscal pour l'État et un besoin de consommation pour d'autres producteurs de biens ou de services (achat de nourriture, payement des factures, scolarité des enfants, soins de santé, etc.).

Le sens social des indicateurs de performance économique

Il y a souvent des questions qui se posent sur la relation entre la croissance économique et le développement. Ce sont des interrogations légitimes dans la mesure où nos autorités publiques annoncent régulièrement des indicateurs de performance au vert tandis que les indices de pauvreté restent au rouge.

À la dimension d'une personne, le développement doit être compris comme étant un changement structurel qualitatif de sa vie et la satisfaction de ses besoins du moment, et ceux du futur. En faisant un effort de simplification, prenons l'exemple d'un travailleur qui perçoit un salaire mensuel contre son effort physique ou intellectuel ; ce qui représente sa part dans la richesse à laquelle il a contribué à créer. Alors le fait d'avoir un revenu est une chose, mais c'est la façon dont il le dépense qui déterminera son bien-être ou non. S'il priorise les vices en se couvrant par l'achat de conscience de ses proches, il augmente sa dépendance et s'autodétruit à terme ; ainsi il expose sa vie à des risques permanents.

Par contre, s'il dépense dans son développement personnel, l'éducation et la santé de ses enfants, les charges fixes de sa famille, le remboursement à bonne échéance de ses dettes, l'épargne sous forme de placements financiers, il améliore sa crédibilité et ses conditions de vie en se projetant sur le futur. Ce qui également le protégera contre les risques d'incertitude et d'instabilité sur le plan professionnel.

Par déduction, il faut y comprendre que le bien-être ne dépend pas de la qualité du salaire, mais de son usage à travers les priorités et ambitions de celui qui le perçoit. Cela est d'autant plus vérifiable que l'on peut paraître riche par ses dettes en étant pauvre par sa qualité de vie et son équilibre psychologique (stress et anxiété).

Alors un État fonctionne à peu près de la même manière. Il s'endette pour ajouter à ses propres ressources pour investir. Il se sert de ses leviers institutionnels pour encourager la création de la richesse. Mais pour que cela se traduise en développement en faveur des populations, il doit la répartir de façon intelligente et rationnelle. Cela en évitant les dépenses improductives et les déperditions des ressources. C'est en ce sens qu'on parle de gouvernance globale vertueuse qui oriente les ressources vers les secteurs jugés prioritaires pour l'amélioration des conditions de vie des populations.

Ceux qui sont qualifiés pour décider de cette politique de collecte, de redistribution et d'investissement des ressources publiques sont les élus politiques qui siègent au sein des institutions légitimes. En ce qui concerne la Guinée, le système en vigueur donne ces prérogatives aux pouvoirs exécutifs et législatifs dans le cadre de la programmation, du débat et de l'adoption budgétaire qui, au bout du processus, deviendra une loi de finances. C'est ce qui va conférer aux choix budgétaires la force exécutoire dont dépendra l'avenir de l'ensemble du contribuable, qui sont les citoyens et autres résidents légaux.

Alors le plus important n'est donc pas la richesse créée à travers la combinaison des facteurs endogènes et exogènes (internes et externes) ; mais la qualité des dépenses effectuées avec les ressources propres et les dettes. C'est essentiellement la différence entre la croissance, qui est la richesse, et le développement qui est la répartition de la richesse à travers la qualité de la gouvernance.

Les implications socio-économiques de la justice et la sécurité

Incontestablement la justice et la sécurité représentent les piliers du fondement et de l'équilibre de toute société moderne. Dès lors que la combinaison des deux détermine l'environnement du vivre ensemble, aucun objectif de développement économique et social ne peut être atteint sans leur qualification.

Sur le plan économique, le fait que les populations en général et les acteurs économiques en particulier, se sentent rassurés de travailler et se déplacer partout et à tout moment, donc selon leur convenance, constitue la première garantie de leur prospérité individuelle et collective. Pour un magasin de vente, une usine, une administration ou un restaurant qui ne pouvait ouvrir que de 8 h à 17 h pour des raisons sécuritaires, s'il arrive à fonctionner 24 h/24 et 7jours/7, ce qui suppose plus d'investissements en capital humain et financier qui se traduisent en productivité, emplois et taxes supplémentaires. Chaque nouvel emploi correspondant à un revenu qui fait vivre une famille, cela veut dire que des besoins vont se créer et s'élargir pour susciter des offres correspondantes. C'est en cela que le climat des affaires sera de meilleure qualité dès lors que l'entrepreneuriat dans les domaines de l'éducation, la santé, le loisir, le transport... connaîtra un regain d'intérêt suite au dynamisme économique suscité par les effets induits de la qualification de la sécurité et la justice. Alors producteurs et consommateurs seront éventuellement satisfaits par le fait du lien établi à travers les règles de fonctionnement naturel du marché.

La quiétude qui conduit à l'amélioration de la mobilité humaine et des engins roulants va entraîner une hausse de consommation des produits pétroliers sur lesquels on pourrait appliquer des taxes spéciales. Donc il va de soi que l'État verra ses moyens s'accroitrent substantiellement pour lui permettre de faire face à ses obligations de service public.

Sur le plan politico-social, les insuffisances en matière de justice et de sécurité conduisent inévitablement à l'anarchie. Dès lors que cet état de fait crée des tentations de substitution auprès des populations qui, à défaut de se sentir suffisamment protéger, se retrouvent face à deux options plausibles : s'exiler pour se mettre à l'abri ou essayer de se défendre sans aucune garantie d'efficacité. La première option est synonyme de fuite des ressources humaines et financières pour le pays, tandis que la seconde amplifie le problème de fond au lieu de le régler.

L'élément de référence principal pour l'attractivité d'un pays étant les possibilités de vivre et travailler dans la quiétude, les premiers indices d'évaluation sont la justice et la sécurité.

Faiblesse du système éducatif : les mauvaises approches et perceptions

La bonne apparence du toit contribue à la beauté de l'édifice, mais elle ne peut garantir la solidité de sa fondation. C'est pourquoi en évaluation scolaire, le nivellement par le sommet peut s'avérer efficace dans la sélection, mais sans produire des résultats durables qui profitent à la société.

L'examen scolaire est un exercice d'évaluation de la maîtrise des acquis par les candidats. Sa crédibilité est certes fondamentale, mais il ne faut jamais perdre de vue qu'il est le bout d'un long processus qui mérite beaucoup d'efforts et d'attention. D'ailleurs un examen à lui seul peut-il déterminer la bonne qualité d'un système éducatif ? Qu'en est-il des étapes d'apprentissage et de consolidation ?

L'objectif de l'école est la réussite académique, professionnelle et sociale des apprenants, et non leur échec prémédité. De nos jours, il y a des systèmes éducatifs performants sans examens finaux. Les évaluations se faisant tout le long du cycle pour aboutir à une certification basée sur la somme des performances académiques.

Mais dans la situation en présence, puisqu'il s'agit apparemment de limiter les dégâts, le raisonnement minimaliste consiste à dire “ils ont au moins essayé”, comme si “essayer” est un résultat concret qui peut s'inscrire dans un bilan. En fait, dans tous les cas de figure, la lutte contre la fraude et l'insécurité se mène quasiment de la même manière ; il faut prioriser la dissuasion. Sachant bien que ces phénomènes existent potentiellement, le combat contre la tentation peut s'avérer plus efficace et moins coûteux que de parer tout le temps aux urgences et au dépourvu. Cela passe par des mesures fortes à impact psychologique.

Dans un pays sérieux, est-il nécessaire de voir physiquement un policier pour se sentir en sécurité ? Faut-il ériger une clôture gigantesque chez soi pour se protéger du grand banditisme ? A-t-on besoin de voir une plaque d'interdiction de salir pour savoir quelle attitude tenir ?

C'est pour dire que la rigueur dans l'élaboration et l'application des textes de loi, l'exemplarité des dirigeants et la promotion de l'éthique, sont souvent efficaces contre la mauvaise tentation.

Alors voici de quoi il s'agit : lorsqu'on n'a pas la volonté ou les compétences de régler un problème, on le complexifie pour se contenter du mérite se réduisant au mot "essayer".

Par exemple, pour comprendre les agitations émotionnelles qui caractérisent régulièrement le débat sur notre histoire politique, il faut questionner la manière par laquelle on s'informe sur le sujet. Comment notre histoire nous a-t-elle été racontée ? C'est évident que nos manuels scolaires ont beaucoup de limites sur la question. Et cela s'explique par plusieurs raisons.

Au temps du premier régime, le système de pensée unique n'offrait aucune possibilité à la contradiction dans le débat public et par conséquent dans l'enseignement. Alors c'était évident que les détenteurs du pouvoir ne donnaient aux populations que ce qui les arrangeait ; c'est-à-dire enseigner les éloges du parti unique qu'était le PDG comme dans tous les systèmes politiques communistes de l'époque.

Pour en tirer profit, le second régime, dont les principaux meneurs étaient les fruits du premier, n'a pas voulu y apporter des réformes structurelles en élaborant des programmes de recherches sur le sujet. Naturellement le vernis sur le bâtiment en désuétude n'a pas permis d'opérer la rupture nécessaire.

Le troisième régime a poursuivi la stratégie d'instrumentalisation et de sabotage de l'Éducation nationale de sorte qu'on se retrouve avec un système plus politisé et moins efficace. Le résultat ne pouvait être que dramatique. De nos jours chacun peut le constater de là où il se situe. Dans ces conditions, faute d'avoir des sources scientifiques fiables par la faute de l'État, la famille et le social occupent ce vide. La plupart des versions racontées de notre histoire politique nous viennent des témoignages soit d'un parent ou d'un proche. Selon le degré de confiance et le lien affectueux, ce qu'il raconte devient la version officielle pour celui à qui elle est racontée.

Parmi ceux qui prennent la parole en public sur le sujet, combien citent des ouvrages scientifiques publiés par des historiens, sociologues ou politologues ? Combien disent avoir visité un musée de l'histoire pour témoigner de ce qu'ils ont appris ? Rien qu'à voir la part de la recherche dans le budget national alloué au système éducatif, l'inexistence des bibliothèques et le manque de passion pour la lecture auprès des citoyens, on se rend compte que nous sommes en errance.

Qui a intérêt à ce que cela soit toujours ainsi ? Évidemment nos gouvernants qui ne veulent jamais qu'on comprenne les fondements du système de domination dont l'un des piliers est la version erronée de notre histoire politique.

Diplomatie et politique étrangère : repenser le modèle par les approches gagnantes

La Guinée post indépendance a été beaucoup tourmentée en tant que jeune nation dans un contexte de guerre froide entre deux blocs. Cela n'a pas rendu facile la tâche à nos dirigeants en matière de choix de collaboration politique et économique. Néanmoins notre pays s'est distingué à travers une solidarité sans réserve vis-à-vis des peuples opprimés. D'où la vocation inaliénable à soutenir la liberté et la dignité partout en Afrique et dans beaucoup d'autres endroits du monde. Mais le paradoxe est le fait qu'en réalité ces notions ont été plus pratiques chez ceux auxquels nous avons apporté des soutiens, que pour nos propres concitoyens qui ont vécus sous l'autoritarisme de tous les régimes qui se sont succédé. Peut-on aider les autres si soit même on en est encore aux besoins primaires ?

Alors ceci indique qu'il y a une nécessité de changement de paradigme dans notre vision de la diplomatie qui traduit la politique étrangère de notre pays. L'approche réaliste serait d'avoir des meilleures relations avec tous les pays et institutions qui peuvent rapporter aux Guinéens de meilleures opportunités de réussite ici et ailleurs. À travers les liens bilatéraux, il s'agit d'identifier des secteurs prioritaires pour notre développement économique et établir des relations techniques correspondantes. Cela à travers une politique de diplomatie centrée autour des pays ayant des expériences de réussite en partage.

Par exemple, dans le domaine minier, la plupart des entreprises cotées sur les meilleures places boursières sont de culture anglo-saxonne. Lorsqu'on prend l'Afrique du Sud, le Botswana ou la Namibie qui sont des pays avec lesquels nous avions eu des liens solides en ces périodes particulières de lutte pour l'indépendance, il est possible d'établir des partenariats privilégiés d'échange d'expériences. Cela se traduira par des bourses d'études pour nos cadres, des programmes d'immersion pour nos entrepreneurs, des plateformes bancaires communes pour le financement des projets. Cette diplomatie économique donnera plus de consistances aux liens politiques déjà établis entre nos États. L'autre avantage serait la diversification des options à travers l'interaction éventuelle entre les populations en général et les acteurs du développement en particulier.

Quant à la diplomatie politique, la Guinée a une certaine légitimité de réclamer sa place au niveau des espaces de discussion sur les questions africaines. Nous appartenons à toutes les organisations sous régionales et continentales dont nous sommes d'ailleurs membres fondateurs de la plupart d'entre elles. Alors comment s'explique-t-il que nous soyons concrètement si absents dans les grands enjeux de ces dernières années en particulier ? Les raisons se situent essentiellement sur nos problèmes structurels internes : instabilité politique, précarité économique, mauvaise qualité du leadership dirigeant, etc. Alors c'est la correction de ces insuffisances qui doit être notre première priorité, car il est incompréhensible pour un pays autant pour un particulier, de prétendre contribuer au bien-être collectif s'il n'en est pas capable de le réaliser pour lui-même d'abord.

La mondialisation de fait est devenue incontournable au point où la viabilité des États dépend de leur compétitivité. À l'instar du marché financier où les entreprises se rassemblent pour devenir plus grosses afin de prendre des parts de marché proportionnelles à leur taille, les États aussi sont obligés de mutualiser leurs efforts pour ne serait-ce que survivre face aux aléas du monde contemporain. Que cela soit d'ordre sécuritaire, économique, climatique, géopolitique, tous les défis sont de taille et méritent des réponses concertées. Alors pour y faire face, l'intégration politique et économique devient une question de survie pour tous. Partant de cela, il serait donc suicidaire pour un pays comme le nôtre, de rester en marge de cette nouvelle philosophie d'action qui guide le monde.

Il faut rappeler au préalable que l'Afrique de l'Ouest est la région du continent qui avait réalisé les plus grandes avancées en matière de démocratie et d'intégration économique pendant les vingt dernières années. Près de 90 % des pays qui composent l'espace de la Communauté économique des États de l'Afrique de l'Ouest (CEDEAO) ont réalisé une alternance démocratique relativement paisible entre 2000 et 2015. Malheureusement ces résultats à la fois symboliques et significatifs se sont effondrés à cause de l'appétit démesuré du pouvoir et le phénomène des troisièmes mandats pour les dirigeants bénéficiaires de ces alternances politiques. Cela voudrait dire qu'il y a des verrous qui ont manqué quelque part pour la préservation et la consolidation des acquis souvent obtenus de haute lutte citoyennes.

Alors il faut en tirer les enseignements et réinventer un schéma d'intégration réaliste et graduelle au niveau sous régional, c'est-à-dire dans l'espace CEDEAO. Dans un monde régi par les rapports de forces, l'avenir des États est lié à la qualité de l'intégration des peuples qui les composent. Il y a une nécessité d'aller au-delà du concept de la communauté économique.

L'approche gagnante pourrait venir du leadership exemplaire de trois pays de la sous-région qui doivent se donner comme mission fondamentale de créer, imposer et pérenniser les règles de démocratie et de développement au bénéfice de l'ensemble des pays membres. Le Nigeria, le Ghana et le Sénégal pourraient former un trio qui sera le véritable noyau de propulsion de ce nouveau schéma d'intégration. Les deux premiers étant de culture anglophone ont connu plusieurs années d'instabilité politique, économique et sécuritaire, avant de se stabiliser pour réussir des performances multiformes. Quant au Sénégal, c'est l'un des rares pays francophones de la sous-région qui consolide son rythme de progression générale malgré les secousses et les péripéties.

De nos jours, ces pays réalisent des avancées incontestables dans les domaines de l'alternance politique, la régularité et la transparence des élections, l'existence des contrepouvoirs, la promotion du genre, l'épanouissement de la jeunesse, la qualité de l'éducation et de la santé, le développement des infrastructures, etc. Alors ces résultats mesurables confèrent une légitimité d'action aux dirigeants de ces trois pays vis-à-vis de leurs homologues de la sous-région pour conduire un processus viable d'intégration.

Par ailleurs, la position géographique et le poids économique cumulé du Nigeria, du Ghana et du Sénégal, constituent un ensemble d'atouts pour influencer leurs différents voisins. Ils disposent donc de beaucoup de leviers pour ouvrir de réelles opportunités aux pays enclavés tels que le Mali, le Burkina Faso et le Niger. Ce qui sera une forme de solidarité fructueuse à large échelle.

Également, ce trio peut impulser une politique publique commune dans le domaine de l'entrepreneuriat qui permettra de créer des entreprises fortes et de l'expertise dans les secteurs des mines, l'agriculture, l'éducation et la santé. Des pays comme la Guinée, le Liberia et la Sierra Leone ayant du potentiel non valorisé dans ces domaines, pourront voir leurs économies booster. Cela par un mécanisme de financement concerté d'un réseau bancaire sous régional à travers le leadership des banques UBA et ECOBANK, qui sont des expériences à succès. D'ailleurs il faut encourager l'idée d'en faire une même plate-forme pour financer en priorité les entreprises et PME sous régionales. Ainsi, ce sera facile de mettre l'accent sur les grands projets dans les domaines des infrastructures, de la sécurité et de la gouvernance.

Enfin, ces trois pays ont des symboles culturels et identitaires très forts qui représentent un miroir pour l'ensemble des peuples de la sous-région. Ce qui pourrait inspirer la création d'un modèle de diplomatie basé sur nos valeurs pour gérer nos contradictions, rapprocher nos intérêts, mutualiser nos efforts et harmoniser nos objectifs.

Rassurer pour réduire la perte des opportunités

Aussi curieux que cela puisse paraître, le valeureux citoyen guinéen en général ne se sent rassuré et épanoui que lorsqu'il acquiert l'opportunité de construire une partie de sa vie hors de son pays. En fait, placer ses avoirs financiers, scolariser ses enfants, acheter un appartement ou une maison, garantir ses soins de santé dans un autre pays, devient pour lui un réflexe de sécurité personnelle.

En illustration, prenons le secteur de la santé où les besoins localement insatisfaits sont très récurrents.

L'absence d'infrastructures adéquates et de qualité du service amène les citoyens à toujours lorgner vers d'autres destinations qui répondent mieux à leurs attentes. C'est dans ce sens que la Guinée est devenue une véritable aubaine pour les prestataires en soins de santé des autres pays du continent. Lorsqu'on s'embarque de Conakry pour Dakar, Casablanca ou Tunis, il est très courant de constater que plusieurs passagers du vol sont des patients en voyage sanitaire.

Cette situation donne l'impression que ces lignes aériennes sont le fruit d'une étude de marché faite par les professionnels de santé de ces pays sur les besoins sanitaires de nos concitoyens. Évidemment avec la qualité approximative des diagnostics médicaux, les médicaments contrefaits, la consommation des aliments de mauvaises qualités, l'insalubrité et la pollution, il y a de quoi spéculer sur la prolifération de tout type de maladie en Guinée. Donc il est compréhensible que les spécialistes de santé et entrepreneurs des autres pays en profitent pour en faire une opportunité de rentabilité économique.

D'après plusieurs témoignages, certaines cliniques privées auraient même des réseaux informels de "démarcheurs" pour les aider à puiser au maximum dans le "vivier" des patients Guinéens. C'est une sorte de stratégie subtile pour s'attirer la clientèle à travers des conseils et recommandations prodigués par des relais locaux dont le langage courant est "Allez à Dakar, Tunis ou Casa pour voir..."

En fait, ces voyages sanitaires représentent une manne financière importante qui fuit notre économie pour alimenter celle des autres. Cela se fait à travers les dirigeants à la charge de l'État et les particuliers à la charge d'un parent ou proche travaillant à l'extérieur ou au pays. Par exemple, un patient accompagné qui va se soigner en Tunisie, dépense doublement sur les billets d'avion, le logement, les frais de consultation et de traitement, les médicaments, la restauration, les déplacements, etc. Ainsi, de la compagnie aérienne Tunis Air à la dernière course de taxi, il dépense dans l'économie Tunisienne au détriment de celle de son pays.

Et pourtant, l'idéal devrait être l'inverse ; c'est-à-dire investir, se soigner, étudier, passer ses vacances à travers les régions. Cela aurait l'impact du confort psychologique et l'avantage économique de dépenser son argent pour enrichir les siens.

Il faut tout de même noter que cet état de fait est loin d'être la faute des citoyens, car nul ne peut contester à son compatriote l'amour de son pays. Le problème fondamental en est que la Guinée n'ait jamais été véritablement rassurante pour ses enfants qui ont du mérite ou qui éprouvent des besoins ; à plus forte raison les étrangers sérieux en quête d'opportunités de réussite. C'est ce qui explique en grande partie que nous soyons aussi un pourvoyeur massif d'immigrés dans le monde plus que certains pays en guerre. Et pourtant, ce phénomène cause un énorme préjudice au circuit économique local, car la fuite des forces de production réduit considérablement les atouts et perspectives de développement.

Si au moins les conditions encourageantes d'un retour existaient à travers les opportunités d'entreprendre, l'égalité des chances, la culture du mérite, la sécurité, la justice sociale, etc. Bref, une gouvernance globalement vertueuse en faveur de tous. À défaut, il est pénible de voir un pays se vider continuellement de ses brillants cerveaux à la grande satisfaction de ses dirigeants prédateurs qui imposent la résignation, la soumission, la fatalité et la grande misère aux esprits rendus faibles par la mauvaise qualité de l'éducation, la manipulation politique et le pillage des ressources publiques.

La valeur d'un État se mesure par la qualité du service public

L'inexistence d'adressage de nos villes et communes et le manque de numérisation ou de digitalisation de notre administration constituent une sérieuse défaillance structurelle. En plus d'être peu fiables au regard des critères modernes de sécurité, les documents administratifs tels que les extraits de naissance, cartes d'identité, passeports..., ne suffisent pas pour s'assurer d'un répertoire de la population et des actifs physiques d'un pays. C'est pourquoi, il est nécessaire d'établir un système adéquat pour que chaque composante du territoire national soit sur une base de données sécurisée et accessible ; c'est-à-dire la création d'un arsenal statistique capable de fournir des outils d'aide à la décision publique.

L'une des pistes de solutions efficaces pourrait être l'attribution d'un numéro particulier de sécurité sociale pour chaque résident légal et la création d'adresses pour l'ensemble du patrimoine bâti public et privé. De même pour les rues qui doivent impérativement être identifiables par des noms et numéros. Ceci répond à des besoins généraux et spécifiques qui définissent l'essence de l'État.

La maîtrise des données statistiques de la population, de l'immobilier et des infrastructures facilite l'élaboration des projets de développement, l'anticipation des besoins sociaux, la sécurisation des institutions, la protection des citoyens, la création d'emplois et la mobilisation optimale des recettes à travers un répertoire fiscal exhaustif pour le payement des taxes, impôts, pénalités, contraventions, etc.

Autant de domaines qui relèvent de la responsabilité de l'État et qui donnent un sens à son autorité.

En somme, ce sont ces types d'initiatives qui devraient rendre fiers des décideurs et les amener à parler de l'autorité de l'État dans le sens vertueux. Tout le contraire de croire qu'un État ne doit s'affirmer que par sa capacité à utiliser la violence et la manipulation pour imposer des décisions inappropriées et contestables.

Dans le même ordre, prenons le cas de l'administration publique à travers quelques mauvaises particularités. Le constat général en est son dysfonctionnement structurel dans l'organisation du travail. Le service d'accueil et d'orientation est à lui seul un symbole de succès ou d'échec du fonctionnement d'un département dans la mesure où il prédispose de la qualité des prestations qui s'y passent.

En fait, lorsqu'on arrive dans un département, il est quasiment impossible de trouver des indications claires sur les procédures, les personnes contacts, les coûts, les délais et autres détails importants. C'est à croire que les services publics n'existent que pour des privilégiés qui sont les nantis, alphabétisés et autres personnes influentes. Alors que c'est l'ensemble du contribuable qui prend en charge l'administration afin qu'elle serve les populations avec courtoisie, respect, équité et efficacité.

Combien de citoyens se sont sentis mal reçus ou refoulés dans les locaux d'une administration publique au point de renoncer à un droit ? Combien se sont retrouvés dans l'obligation de contourner une procédure légale en faisant recours à un moyen d'influence (corruption, favoritisme, népotisme...) pour satisfaire un besoin ?

Alors la réforme du service public doit commencer par ces éléments basiques qui sont à la fois des paramètres d'évaluation et des indicateurs de confiance. Et pour cela, les nouvelles technologies offrent d'immenses opportunités ; de la création des portails numériques d'information aux formulaires de prise de rendez-vous pour faciliter l'accès aux services, et réduire ainsi la souffrance des populations.

L'illustration parfaite en est que le citoyen guinéen est tellement méprisé par les services publics de son pays, lorsqu'il se retrouve dans un service privé ou dans un autre pays où on le traite avec attention et respect, il a l'impression de bénéficier d'un traitement de faveur. Les cas d'exemple ne manquent pas auprès de ceux qui se rendent pour la première fois dans un hôpital, un service postal ou un commissariat de police d'un pays qui a déjà dépassé ces types de problèmes élémentaires. Ils sont généralement impressionnés par la qualité de l'accueil au point de se croire favoriser, alors que ce n'est que dans l'ordre normal des choses.

Étant donné que l'être humain est plus important que tout le reste, les citoyens doivent être mis au cœur de toutes les priorités nationales. Ils constituent le premier et le plus important potentiel de richesse d'un pays.

L'utilité sociale des ressources humaines : pourquoi faut-il réorienter les priorités des politiques publiques ?

Un humain ne devient véritablement une ressource que lorsque son utilité se mesure au-delà de sa qualification académique et professionnelle. En effet, l'Afrique a produit et continue de produire des diplômés. Néanmoins, toutes catégories confondues, leur contribution réelle dans la construction de nos sociétés reste questionnable. Certaines opinions parlent même de la trahison des élites qui étaient censées montrer les bons exemples et éclairer le chemin qui mène les populations vers le bien-être et la cohésion.

Alors au regard de la situation de la plupart des États du continent, n'est-il pas nécessaire de s'interroger sur la dimension de l'utilité sociale de chaque citoyen ? Ne-ce pas celle-ci qui donne tout son sens au qualificatif "ressource" ? La pertinence des réponses à ces questions permettra de comprendre que c'est le fait de mettre ses connaissances et compétences au service de l'intérêt général, qui donne une dimension plus importante aux diplômes et fonctions. C'est à ce niveau que l'engagement politique et social à travers un militantisme actif doit guider nos sociétés où le niveau d'implication qualitative dans la gestion publique reste très marginal.

Imaginons des agents de développement compétents qui aident des coopératives de paysans à s'organiser, obtenir des financements et réussir à faire des profits pour transformer la vie de leurs communautés. En soi, c'est très bien dira-t-on. Mais par manque de discernement et de compréhension de la gouvernance, les bénéficiaires deviennent potentiellement des proies faciles pour la manipulation politique. En fait, pour ce genre d'accompagnement qui est un droit pour eux, on peut éventuellement leur faire croire que c'est une "générosité" des autorités publiques, en la personne du Président de la République comme c'est souvent le cas dans notre pays où les médias d'États se chargent du relais en termes de propagande. Alors, quand bien même ils seraient les dépositaires des richesses nationales, une mentalité de domination et de redevabilité s'installe à leur niveau pour en faire des malheureux.

L'autre illustration pourrait être le cas des hauts fonctionnaires évoluant dans les institutions privées et autres intellectuels qui développent un sentiment de supériorité vis-à-vis de leurs compatriotes. En croyant tout savoir et comprendre, ils restent indifférents à la gestion publique pour vivre ainsi sous la gouvernance des médiocres qui font d'eux des frustrés et éternels insatisfaits. Il suffit d'observer autour de soi pour comprendre que dès qu'une personne acquiert un bon diplôme qui lui donne un emploi décent, donc relativement bien rémunéré, il prend ses distances avec son environnement social habituel pour organiser sa vie autour de ses semblables. Ce qui rompt le lien entre sa personne et celles qui le connaissent mieux, et qui ont plus besoin de lui pour leur servir d'exemple de réussite et de guide.

Ainsi, lorsqu'il y a des responsabilités électives à prendre dans le cadre de l'amélioration des conditions de vie de la communauté, le vide qu'il laisse bénéfice éventuellement à celui qui peut être tout le contraire du mérite. Pour la simple raison qu'à défaut d'avoir le meilleur, les populations choisissent celui ou celle qu'elles estiment être plus proche et disponible. Même s'il n'existe aucune garantie que la personne sera efficace dans la gestion de leurs préoccupations.

Généralement dans notre pays, les élites ont la légèreté de vouloir tout critiquer devant leur télévision et changer la donne avec la télécommande. Il en arrive souvent que certains poussent le mépris et la prétention à l'endroit de ceux qui s'engagent ouvertement par le militantisme, au point de tenir des raisonnements du genre "Si c'est sur ceux-là que le pays compte pour changer les choses…" "Mon Dieu ! tel aussi est devenu Maire, Député, Ministre, Président... ?" "Je connais X qui ne vaut rien et ne mérite pas telle ou telle responsabilité... ?

Et pourtant, la première chose dont chacun devrait prendre conscience, ce que la nature a horreur du vide. Donc, pour paraphraser un célèbre penseur, aussi longtemps que les personnes de valeurs choisiront l'indifférence et l'inaction vis-à-vis des responsabilités politiques et sociales, elles seront toujours sanctionnées en étant gouvernées par moins valeureux qu'elles.

Ceci pour démontrer que dans les priorités des politiques publiques en matière de formation et de création d'emplois, nos États auront beaucoup à gagner à créer des modèles pour faire de nos citoyens de véritables ressources humaines ; c'est-à-dire des personnes qui acquièrent des connaissances et forgent des compétences pour se mettre activement au service de la communauté nationale.

La valorisation du capital humain

À l'image de nos matières premières, nos ressources humaines ne sont évaluées à leur juste valeur qu'en dehors de nos frontières où elles subissent une transformation qualitative pour un usage utile à la société.

L'une des particularités de la Guinée est d'exporter ses matières brutes à faible rendement, et d'importer des produits finis à des coûts exorbitants. Cela vaut tant pour la bauxite, l'or, le diamant et la pomme de terre que pour les sportifs, intellectuels, artistes, militaires. Ce processus est vérifiable à travers la mentalité de beaucoup de nos concitoyens qui pensent qu'il est absolument nécessaire de s'exporter pour se donner de la valeur afin de servir ailleurs ou revenir un jour pour se promouvoir plus cher à l'image des produits commerciaux importés.

Combien de nos talentueux compatriotes sont régulièrement célébrés à l'international pour se voir dégrader et marginaliser dans notre pays ? Combien de nos "pépites" sont sans opportunités de succès sur leur terre natale ? Malheureusement telle est la logique de fonctionnement des pays comme le nôtre où l'échec est la règle et la réussite l'exception.

Pour changer cette triste réalité et faire de nos citoyens des ressources à fort potentiel en valeur ajoutée, nos écoles doivent être des usines de valorisation des talents, nos hôpitaux des laboratoires de traitement et de conditionnement, et nos familles des espaces de certification. Un dispositif de transformation qui leur permettra d'acquérir des valeurs morales, des compétences techniques et des aptitudes physiques. Ainsi, ils seront des citoyens sains de corps et d'esprit, porteurs d'éthique et de foi religieuse. Cela permettra à notre pays de gagner sur l'ensemble du processus ; c'est-à-dire de l'instruction académique à l'Éducation sociale.

À moindre coût pour un bénéfice inestimable et durable, une société qui investit dans la valorisation et la prédominance de l'intelligence, le mérite et le caractère, ne laisse en son sein aucune place pour la haine et le complexe.

L'illusion de la gratuité du service public

Dans la perception quasi générale des mentalités dans notre pays, le service public est gratuit ; d'où le droit d'accessibilité équitable pour tous les citoyens. Et pourtant la réalité révèle beaucoup de non-dits. En effet, le système d'organisation de tout État comporte un mécanisme de prélèvement direct et indirect des taxes et impôts sur les agents économiques pour permettre aux institutions publiques de fonctionner et satisfaire les besoins des administrés.

Ces obligations fiscales ne concernent pas seulement que les producteurs. Elles s'appliquent également aux consommateurs, donc les travailleurs et même les chômeurs communément appelés dans le langage économique "les passagers clandestins". Que ceux-ci vivent de l'assistance sociale de l'État ou de la solidarité parentale, ils demeurent des acteurs du circuit économique.

Par ailleurs, lorsque les dirigeants publics contractent une dette intérieure ou extérieure, ils le font au nom des citoyens qui représentent leur source de légitimité. C'est pourquoi, l'argent public collecté doit servir à satisfaire leurs besoins en sécurité, santé, éducation, infrastructures, etc.

Et puisque pour de tels cas de figure le payement est indirect donc inévitable, la non-satisfaction des bénéficiaires est synonyme d'abus de la part des autorités publiques. Cela est aussi valable s'il y a un écart de qualité entre ce qui est prélevé et le service public rendu. D'où le droit consacré aux citoyens d'être exigeants vis-à-vis de la gestion publique. Cela doit juste se faire dans les formes et limites prévues par la loi. C'est d'ailleurs en se fondant sur cette logique que le législateur que sont les députés élus, a rendu l'État justiciable et instaurer le principe de redevabilité des gestionnaires publics.

Alors les citoyens doivent comprendre que l'État dans toutes ses formes, doit être à leur service. Du salaire du Président à celui du dernier planton de l'administration en passant par les munitions des forces de défense, les tenues et le gaz lacrymogène des agents de sécurité ; ce sont les citoyens qui payent la facture. Donc à ce titre, ils méritent respect, attention et bienveillance de la part de ceux qui les gouvernent.

La problématique du logement

Il est évident que dans le domaine de l'habitat, à l'instar de plusieurs autres secteurs qui impactent directement la vie de nos concitoyens, l'absence d'une politique incitative vertueuse de l'État réduit considérablement les chances que le revenu salarial d'un travailleur puisse lui offrir un logement durant sa carrière professionnelle. Ce qui est à la fois incompréhensible et inacceptable d'autant plus que le droit au logement est humain et fondamental, car il relève du domaine de la dignité.

Dans la vision socio libérale que nous portons pour le développement de notre pays, bien que tout le monde n'ait pas vocation à être propriétaire, la possibilité de le devenir pourrait être grandement améliorée avec des opportunités pour toutes les catégories socio-professionnelles.

Étant donné que les réformes nécessaires à ce secteur sont des mesures législatives et des orientations incitatives qui relèvent donc de la volonté politique, voici les actions phares à mener dans ce secteur :

- ✓ Réduire la spéculation immobilière et foncière en instaurant une taxe proportionnelle et progressive à la valeur de la transaction dans les opérations de ventes et de loyers. Elle servira au financement de la viabilisation de nouvelles zones d'habitation et des participations de l'État dans les investissements immobiliers ;
- ✓ Réaliser les infrastructures de désenclavement en rendant les zones d'habitation plus accessibles, y mettre les services sociaux de base (écoles, hôpitaux, eau, électricité…), et par conséquent encourager leur occupation ;
- ✓ Assainir et sécuriser le cadastre domanial en informatisant l'ensemble du système et en favorisant l'accessibilité des informations au public dans les zones rurales et urbaines à travers un portail numérique dédié à cet effet. Ce qui va réduire les risques de fraude par la facilitation des vérifications.
- ✓ Améliorer la législation sur le foncier en simplifiant les démarches administratives, en redistribuant les prérogatives des agents de l'État, en luttant contre la fraude documentaire et la corruption ;
- ✓ Déconcentrer les zones d'activités (administration, commerces, industries, loisirs…) pour rendre les déplacements multidirectionnels dans les grandes villes et ainsi revaloriser

équitablement toutes les portions du territoire national ;

- ✓ Créer un fonds public spécial à durée déterminée pour garantir certains prêts immobiliers et encourager l'entrepreneuriat dans le secteur. La durée de vie limitée du caractère public d'un tel fonds a comme objectif d'initier pour ensuite passer la main aux acteurs privés qui en deviendront les véritables artisans.
- ✓ Renforcer les attributions de la SONAPI (Société Nationale d'Aménagement et de Promotion immobilière) et élargir son champ d'action.

Premièrement ces réformes permettront d'aboutir à un cadre de gouvernance de l'habitat et du foncier à même de ramener la confiance auprès des acteurs du secteur immobilier, condition indispensable dans la mobilisation et l'orientation des fonds vers ce secteur. Créer un cadre propice et incitatif afin de doter nos populations de toits décents. En plus d'améliorer les possibilités d'accès équitable au logement pour les travailleurs, la combinaison de ces réformes structurelles permettra de réduire significativement le nombre de ‘'Mal-logés" et de sans-abris fixes dans notre pays.

Le secteur de l'immobilier a un fort potentiel de croissance à travers les emplois et les effets induits qu'il génère. Il crée un effet d'entraînement sur les autres secteurs de l'économie en renforçant les opportunités dans le domaine du transport dans le sens de l'augmentation de la demande liée à la mobilité suscitée par la création des nouvelles zones d'habitation. Également dans le domaine fiscal à travers les diverses taxes immobilières et celles appliquées aux revenus et à la consommation des nouveaux emplois générés par les éventuels investissements. Cela est également valable en termes de répercussion dans le domaine social en ce sens qu'il favorise une meilleure redistribution de la richesse nationale.

Un contrôle plus strict et une législation plus contraignante peuvent réduire considérablement le blanchiment d'argent, car ce n'est un secret pour personne que ce secteur est la plus grande illustration de l'existence d'une économie criminelle dans notre pays. L'argent de la corruption, des détournements des deniers publics et celui d'autres activités illicites, est investi dans l'immobilier en dehors de toute procédure de contrôle. En plus de la manne financière qui sort frauduleusement de nos frontières pour les opérations d'achats de biens immobiliers et services divers dans les pays voisins et ailleurs.

Faire de la culture un levier du développement économique et social

Imaginons un couple Guinéen qui regarde un film ivoirien ou sénégalais sur la chaîne A+. Il découvre de beaux endroits et de personnages impressionnants dans les scénarios au point de décider de s'offrir des vacances pour vivre concrètement leur sensation.

Alors le couple achète des billets d'avion et prend un hôtel ou un appartement à Dakar ou à Abidjan. Une fois sur place, il se déplace en taxi ou en voiture de location pour se rendre à des endroits payants. Au bout de deux semaines, il dépense un montant considérable dans l'économie locale (compagnie aérienne, agence de location de voitures, tickets de musée, objets de souvenirs, vêtements traditionnels, factures d'hôtel, restaurant, communication, etc.). Il contribue ainsi à la création de la richesse nationale dans la mesure où ce montant est distribué à plusieurs prestataires qui ont satisfait leurs différents besoins. Cet argent constituant une fuite dans notre économie, devient un gain dans celle du pays où il est dépensé ; cela grâce à un voyage touristique suscité par une œuvre artistique.

Ceci démontre que le cinéma, la musique et le théâtre ne servent pas qu'au divertissement. En plus d'être une arme économique, ce sont des moyens d'influence et de domination stratégique et culturelle. Combien sont les Guinéens qui achètent des maisons ou appartements en Côte d'Ivoire ou au Sénégal à cause de la beauté des films ou séries TV qu'ils regardent ? Combien y vont pour des soins de santé, de la formation, des affaires ou des vacances à cause de la qualité des prestations qu'ils découvrent à travers les médias classiques et les réseaux sociaux ? Mieux, l'importation des modèles d'habits appelés "Macky Sall", "Bazin Bamako" ou "Chemises Bagbo" est toujours en progression dans notre pays, car la demande est suscitée par les nouveautés que montrent les films et les clips.

Il y a quelques années, le Burkina Faso était le pays dominant du cinéma francophone d'Afrique. Pour preuve, le FESPACO était le plus grand rendez-vous de récompenses et de découvertes pour les acteurs, producteurs et promoteurs du septième art. Au regard des derniers développements dans ce secteur concurrentiel, la Côte d'Ivoire et le Sénégal ont fait d'énormes progrès résultant d'une vision ambitieuse de leurs dirigeants.

Nul besoin de rappeler que Hollywood est à la fois le miroir et le laboratoire de la société américaine. La série "24 heures chrono", sortie en 2001 avec l'acteur David Palmer, a eu tellement d'influence sur la psychologie collective, qu'elle semblait avoir comme objectif de préparer l'arrivée du premier Président noir des États-Unis, en l'occurrence Barack Obama en 2008.

Qu'en est-il de la Guinée ? Qu'avons-nous d'impressionnant pour attirer les autres au point qu'ils décident de dépenser leur argent chez nous ou qu'ils aspirent à nous ressembler ?

La culture étant un facteur essentiel pour l'équilibre de la société, la nôtre a la particularité d'être riche et diversifiée avec l'avantage d'avoir des ramifications sur tous les aspects de nos vies. La vision pour son développement pourrait reposer sur trois piliers : Mieux organiser le secteur pour réduire son caractère informel ; Encourager l'implication des professionnels à travers des mesures incitatives qui garantissent la rentabilité ; Susciter des investissements privés importants pour en faire un levier de développement.

- **Quels sont les réformes nécessaires à mener et comment réussir le pari ?**

Créer une identité culturelle nationale qui prend en compte toutes nos diversités pour renforcer le vivre ensemble afin de construire une "NATION" unie au-delà d'un pays géographiquement constitué ;

Revisiter notre Histoire dans toutes ses facettes pour bâtir "UNE MÉMOIRE COLLECTIVE" qui sera objectivement enseignée et diffusée dans les milieux scolaires et sociaux, dans les bibliothèques, cinémas et musées ;

Faire du secteur culturel un pôle de croissance économique par la valorisation de nos talents et nos patrimoines naturels.

Étant donné l'état actuel du secteur, il est indispensable de réaliser certains préalables pour espérer réussir ces réformes structurelles dont les résultats ne seront mesurables que sur le moyen et long terme. Pour y arriver, il faut s'appuyer sur deux axes majeurs : l'éducation pour qualifier les acteurs évoluant dans le domaine culturel, ressources indispensables au développement du secteur, et les organismes de crédit pour financer les initiatives et infrastructures culturelles. Essentiellement cela pourrait se traduire de la façon suivante :

Initiation des filières d'études approfondies et des programmes de recherche dans des domaines comme l'Histoire, la Sociologie, le cinéma, l'art, la musique, le management culturel, etc. Ce qui aura l'avantage de qualifier les ressources humaines. Ainsi nous aurons formé des professionnels de la culture dans toutes ses dimensions qui pourront faire connaître le potentiel culturel de notre pays dans sa diversité et le valoriser au bénéfice des acteurs et de l'ensemble de la population.

Création de réelles opportunités d'échange d'expériences en faveur des promoteurs, artistes et managers culturels, à travers des partenariats bilatéraux établis avec des pays préalablement sélectionnés selon la similitude de nos potentialités et le succès prouvé de leur savoir-faire.

Adoption des allocations budgétaires exceptionnelles pour soutenir les initiatives de distinction du mérite. Des avantages pourront être ainsi accordés aux lauréats sous forme de prix "créativité/innovation" et des bourses culturelles qui porteront les noms de nos icônes nationales. Étant donné l'importance des symboles pour la motivation des talents, les différentes distinctions se feront à travers des cérémonies solennelles d'envergure nationale à travers un grand rendez-vous annuel entre décideurs, acteurs culturels et publics.

Promotion des initiatives de lois pour renforcer le respect des droits d'auteur et de propriété ; ce qui donnera plus de protection et de chance aux artistes de mieux s'épanouir et vivre de leurs œuvres.

Salubrité publique et développement durable : de réels enjeux !

Pourquoi nos domiciles peuvent être relativement propres et les places publiques régulièrement sales ? Cela ne signifie-t-il pas que quelqu'un ne fait pas quelque part correctement son travail ? Il y a une consigne qui apparaît souvent dans certains lieux publics et qui dit ceci "Nettoyer, c'est bien ; mais ne pas salir, c'est mieux ! " Alors l'idéal ne serait-il pas de réduire d'abord le potentiel de déchets naturels pour gérer plus facilement les déchets domestiques ?

Ces interrogations ont tout leur sens dans un pays où les populations semblent être en avance sur les institutions publiques en termes de rôles et de comportements.

Parlant de la salubrité publique dont dépend l'hygiène de vie des citoyens, du moment que les déchets ménagers et industriels constituent un flux et non un stock, leurs gestions nécessitent une politique réfléchie et pérenne conduite sous la vigilance d'un organisme compétent en la matière. Dans la plupart des pays, cette tâche relève de la responsabilité des autorités communales qui se servent de leur légitimité de proximité pour impliquer les populations sur l'ensemble du processus. Cela passe par la sensibilisation, le déploiement des moyens, la formation des agents, la collecte et le traitement des ordures et déchets, etc. Par la même occasion, cette gestion doit pouvoir créer des emplois et générer des recettes publiques.

Jusque-là cette question d'intérêt public, à l'instar de beaucoup d'autres, a été plus traitée sous l'angle politique que technique. Elle suscite l'appétit des dirigeants pour des raisons de visibilité et de gain financier à travers le détournement des fonds alloués qui sont parfois gigantesques et déterminés en dehors du processus approprié. D'où les mesures populistes inopérantes qui sont souvent dictées par l'administration centrale dont objectif inavoué est la justification de dépenses de déperdition et l'envie démesurée de visibilité auprès des populations fragiles, qui sont des proies faciles à la manipulation.

À cette allure, la Guinée risque de devenir un danger écologique, car la salubrité urbaine est une véritable problématique de santé publique et de confort de vie. Un pays vieux de près de 64 ans, incapable de gérer des ordures, qui est en manque d'infrastructures hospitalières et de politique viable de santé publique, condamne sa population à subir les saisons et aléas de la nature à travers les épidémies et les pandémies.

En prenant le cas spécifique de la capitale Conakry, lorsqu'on observe la forme géographique de la ville, on se rend compte qu'elle est plate et étroite de Kaloum jusqu'à la ligne transversale Belle-vue - Madina. À partir du quartier Hamdallaye, débute une colline dont le niveau le plus élevé est la route "Le prince" jusqu'à la sortie de la ville. Alors les deux côtés de la colline sont naturellement des versants d'eaux par le fait du drainage pendant la pluie. Pour s'en rendre davantage compte, il n'y a que les quartiers qui sont en bas des deux côtés de la colline (les bas-fonds) qui connaissent des envahissements d'eaux sur la voie publique et dans les maisons pendant la saison pluvieuse. Ce qui entraîne des difficultés de circulation routière et cause d'énormes dégâts privés. Pour ne citer que quelques-uns, Lambanyi, Kobaya, Sonfonia, G'bessia, Dabondy font partie des plus concernés.

Cela voudrait dire que toute étude de mise en place d'infrastructures et d'équipements (routes, ponts, caniveaux, poteaux électriques, tuyaux de canalisation, etc.) doit prendre en compte cet aspect fondamental. C'est la manière la plus efficace d'apporter des réponses durables aux questions de salubrité publique en travaillant sur le réaménagement du schéma directeur des villes.

Cette problématique de salubrité publique étant globale et multiforme, sa résolution doit prendre en compte plusieurs dimensions qui ne se réduisent pas qu'à la collecte et traitement des ordures ménagères et industrielles. Si l'approche n'est pas structurelle, on risque de vivre au rythme des saisons et des aléas de la nature.

Et pourtant, ces dernières années, les questions environnementales dans le cadre des politiques publiques de développement, ont été au cœur des priorités mondiales. Ce qui signifie que des efforts en termes d'études et de mobilisation de ressources financières, ont permis de faire avancer le monde en termes de confort de vie. D'où les efforts portés par les scientifiques, politiques et activistes sur les problèmes écologiques et énergétiques, car les mutations mondiales des dernières années, notamment en matière d'industrialisation, ont suscité des réelles inquiétudes sur l'avenir de la planète. Cela se ressent de plusieurs manières et en fonction de l'endroit on se situe.

L'un des dangers actuels et futurs pour la santé et la sécurité des citoyens guinéens est le cas des forages et des fosses septiques. À défaut d'un service public adéquat, la plupart des foyers de la capitale Conakry et de certaines grandes villes des régions fonctionnent avec ce système de creusage à domicile sans normes ni réglementations standards. Chacun creuse à sa convenance pour ses besoins sans s'imaginer à quoi il s'expose et quel risque il fait courir les autres. Évidemment cette anarchie ne peut être sans conséquence sur la nature, donc sur la qualité de la vie des humains, des animaux et des végétaux.

En l'absence d'un système de canalisation qui connecte l'ensemble du réseau immobilier des villes et l'inexistence de véritables centres de collecte et de traitement des eaux usées, l'individualisation de la gestion expose les espaces maritimes à la pollution. Tout s'y déverse et les conséquences génèrent des préoccupations de santé publique.

Nos villes et villages commencent déjà à constater la rareté des cours d'eau, des forêts et autres « espaces boisés ». Ce qui est très inquiétant pour un pays qui se vantait de ses ressources naturelles comme étant l'une de ses principales richesses. En prenant la ville de Conakry qui devient de plus en plus étouffante, des mesures d'urgence doivent être prises pour que le lac de Sonfonia, les forêts de Kakimbo et d'Entag soient prioritairement préservés et aménagés pour le bien-être des habitants et la beauté de la capitale.

BIOGRAPHIE DE L'AUTEUR

Né à Labé en République de Guinée, Mamadou Aliou BAH est marié et père de quatre enfants. Il est le cadet d'une famille dont le père commerçant était polygame non alphabétisé. Il grandit dans un environnement social fait d'érudition et de traditionalisme. Ses deux parents sont originaires de la sous-préfecture de Koïn (Tougué), respectivement de la lignée des M'balbhè (maîtres coraniques) et des Koulounnankè Bâlha (chefferie traditionnelle).

Plus de dix ans d'investissement personnel dans les domaines de l'enseignement universitaire, du développement et de l'encadrement des jeunes, et autant d'années d'implication active dans le combat pour la démocratie, Aliou BAH est à la fois un Leader politique et un Consultant en Développement local.

Très tôt passionné par la lecture, il fréquente assidument, dès l'âge de 10 ans, la seule bibliothèque de sa ville (le CEDUST) et se classe parmi les meilleurs élèves dans les compétitions inter scolaires de sa commune urbaine. Après un cycle primaire et secondaire à Labé, Aliou BAH rejoint la capitale Conakry suite à l'obtention de son baccalauréat où il s'inscrit en 2004 en Économie à l'Université Koffi Annan de Guinée. Il en ressort avec un Master I en Finance, puis un Master II en Sciences politiques de l'Université General Lansana CONTÉ de Sonfonia.

Depuis 2011, il exerce sa passion de toujours qui est l'enseignement, en qualité de chargé des cours d'Économie de Développement et de Géopolitique contemporaine dans les universités privées de Guinée.

Également en tant que Consultant-Analyste, il conçoit des modules techniques pour des projets, et anime des colloques et séminaires de formation sur la bonne gouvernance, la démocratie et le développement en faveur des organisations non gouvernementales et des coopératives rurales.

En 2012, il s'engage en politique et participe activement à l'émergence du Bloc Liberal (BL) au sein duquel il assumera les fonctions de membre élu du bureau exécutif national en charge de la communication. Il a été le plus jeune directeur de campagne lors des élections présidentielles de 2015, qui avait fait du BL le quatrième parti à l'issue de la compétition électorale. Suite à des divergences majeures sur l'orientation et le fonctionnement du parti, Aliou BAH démissionne du BL en avril 2018 et prend du recul avec la politique. Néanmoins il continua d'animer des conférences et produire des réflexions sur les problématiques économiques et sociales tant en Guinée qu'à l'international. C'est compte tenu de ce parcours que plusieurs organisations de jeunesse lui font des sollicitations afin de se réengager et contribuer à l'animation de la vie politique nationale.

Le 23 aout 2018, après plusieurs réunions et consultations, naît le Mouvement Démocratique Liberal (MoDeL) dont il est fait président de l'organe provisoire de direction au cours de l'assemblée constitutive. Doté d'un leadership dans le management des ressources humaines et la vulgarisation des idées tant sur les questions économiques que politiques, Aliou BAH préside aux destinées du MoDeL depuis sa création.

En septembre 2017, il bénéfice d'un programme du système des Nations Unies pour participer, en qualité de panéliste, aux travaux en marge de la session ordinaire de l'assemblée générale à New York et à la session d'évaluation des droits de l'Homme à Genève. Il continue d'être régulièrement invité à ces différentes sessions pour contribuer à résoudre des problématiques contemporaines à l'échelle mondiale.

Élu ''Jeune leader politique de l'année'' aux J-Awards en décembre 2018, et remportant par la même, le "Super Awards" du plus grand nombre de voix obtenus suite au vote en ligne des citoyens.

En mars 2019, il est sélectionné par le Centre d'Analyse, de Prévision et de Stratégie (CAPS) de Paris pour participer au programme de référence PIPA "Programme d'invitation des Personnalités d'Avenir" du Ministère français de l'Europe et des Affaires étrangères - Quai d'Orsay. Un programme qui fait essentiellement un pari sur la carrière du lauréat.

À travers ce programme, Aliou BAH effectue plusieurs visites d'études au sein des institutions politiques, administratives et économiques françaises de premier plan dont la commission des Affaires étrangères de l'Assemblée nationale, le département Afrique du patronat (MEDEF) et l'Agence Française de Développement (AFD).

En février 2020, Aliou BAH est invité aux États-Unis par le Département d'État Américain pour le programme "International Visitors Leadership Program (IVLP)", où il parfait sa formation en Géopolitique, Démocratie et Systèmes électoraux à travers une immersion dans les institutions américaines dont le Congrès, l'Institut Américain de la Paix et le Pew Research Center à Washington.

À cette occasion, pour la commémoration du 55ᵉ anniversaire des marches du pont "Edmunt Pettus" de Selma à Alabama, Aliou BAH se tient aux côtés des compagnons de Dr Martin Luther King Jr à savoir Jesse Jakson, John Lewis, Al Sharpton et plusieurs autres grandes figures du mouvement des droits civiques aux États-Unis et la lutte contre le racisme dans le monde.

En 2021, il participe aux travaux de réflexion sur la refondation des relations entre la France et l'Afrique. En collaboration avec quelques universitaires Africains de grande renommée dont le Camerounais Achille Mbembé, le Sénégalais Souleymane Bachir Diagne et le Togolais Kako Nubupko, Aliou BAH contribue ainsi, au compte du continent, à cette ambition d'un nouveau départ. Celui-ci s'est matérialisé par un rapport critique et ambitieux dont les contours ont fait l'objet d'un débat public le 8 octobre 2021 lors du sommet Afrique-France de Montpellier entre le président de la République Française, Emmanuel Macron et onze jeunes Africains dont Aliou BAH.

En novembre 2022, Aliou BAH est invité au "Crans Montana Forum" à Genève en tant que panéliste sur la problématique de la gouvernance politique et sécuritaire dans la région du Sahel.

Structures éditoriales du groupe L'Harmattan

L'Harmattan Italie
Via degli Artisti, 15
10124 Torino
harmattan.italia@gmail.com

L'Harmattan Hongrie
Kossuth l. u. 14-16.
1053 Budapest
harmattan@harmattan.hu

L'Harmattan Sénégal
10 VDN en face Mermoz
BP 45034 Dakar-Fann
senharmattan@gmail.com

L'Harmattan Cameroun
TSINGA/FECAFOOT
BP 11486 Yaoundé
inkoukam@gmail.com

L'Harmattan Burkina Faso
Achille Somé – tengnule@hotmail.fr

L'Harmattan Guinée
Almamya, rue KA 028 OKB Agency
BP 3470 Conakry
harmattanguinee@yahoo.fr

L'Harmattan RDC
185, avenue Nyangwe
Commune de Lingwala – Kinshasa
matangilamusadila@yahoo.fr

L'Harmattan Congo
67, boulevard Denis-Sassou-N'Guesso
BP 2874 Brazzaville
harmattan.congo@yahoo.fr

L'Harmattan Mali
Sirakoro-Meguetana V31
Bamako
syllaka@yahoo.fr

L'Harmattan Togo
Djidjole – Lomé
Maison Amela
face EPP BATOME
ddamela@aol.com

L'Harmattan Côte d'Ivoire
Résidence Karl – Cité des Arts
Abidjan-Cocody
03 BP 1588 Abidjan
espace_harmattan.ci@hotmail.fr

L'Harmattan Algérie
22, rue Moulay-Mohamed
31000 Oran
info2@harmattan-algerie.com

L'Harmattan Maroc
5, rue Ferrane-Kouicha, Talaâ-Elkbira
Chrableyine, Fès-Médine
30000 Fès
harmattan.maroc@gmail.com

Nos librairies en France

Librairie internationale
16, rue des Écoles – 75005 Paris
librairie.internationale@harmattan.fr
01 40 46 79 11
www.librairieharmattan.com

Lib. sciences humaines & histoire
21, rue des Écoles – 75005 paris
librairie.sh@harmattan.fr
01 46 34 13 71
www.librairieharmattansh.com

Librairie l'Espace Harmattan
21 bis, rue des Écoles – 75005 paris
librairie.espace@harmattan.fr
01 43 29 49 42

Lib. Méditerranée & Moyen-Orient
7, rue des Carmes – 75005 Paris
librairie.mediterranee@harmattan.fr
01 43 29 71 15

Librairie Le Lucernaire
53, rue Notre-Dame-des-Champs – 75006 Paris
librairie@lucernaire.fr
01 42 22 67 13

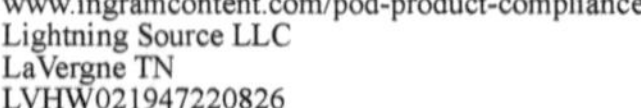